Bem me quero

Pamela Magalhães

Bem me quero

Desenvolva seu amor-próprio e viva
o relacionamento que você deseja

© 2025 - Pamela Magalhães
Direitos em língua portuguesa para o Brasil:
Matrix Editora
www.matrixeditora.com.br
/MatrixEditora | /@matrixeditora | /matrixeditora | /matrixeditora

Diretor editorial
Paulo Tadeu

Capa, projeto gráfico e diagramação
Marcelo Córreia

Revisão
Adriana Wrege
Silvia Parollo

CIP-BRASIL - CATALOGAÇÃO NA PUBLICAÇÃO
SINDICATO NACIONAL DOS EDITORES DE LIVROS, RJ

Magalhães, Pamela
Bem me quero / Pamela Magalhães. - 1. ed. - São Paulo: Matrix, 2025.
120 p.; 23 cm.

ISBN 978-65-5616-579-0

1. Relações humanas. 2. Autoconsciência. 3. Teoria do autoconhecimento. 4. Autorrealização (Psicologia). I. Título.

25-97717.0   CDD: 158.1
           CDU: 159.923.2

Gabriela Faray Ferreira Lopes - Bibliotecária - CRB-7/6643

Sumário

Apresentação 7
1 Amor 9
2 Visitando a sua criança interior 15
3 Conhecendo a origem para se libertar 21
4 Reconhecendo-se 31
5 Delimitando contornos 39
6 Afetos: quem afeta você 49
7 Fatores sabotadores 57
8 Sentido de vida 65
9 Autoconfiança 71
10 Desenvolvendo a autonomia 81
11 Apego e vínculos afetivos 89
12 Autovalorização 97
13 Reciprocidade 103
14 Maturidade emocional 109

Apresentação

Bem-vinda(o) ao nosso livro dedicado ao amor-próprio! Esta obra foi carinhosamente elaborada para proporcionar informações valiosas, orientações e ferramentas práticas a todos que buscam fortalecer o relacionamento consigo mesmos.

A jornada do amor-próprio é repleta de desafios, reflexões e momentos de autodescoberta. Este livro é sua bússola para guiá-la(o) nesse caminho.

Ao longo das páginas, exploraremos os obstáculos que frequentemente impedem a prática do amor-próprio, desde padrões autocríticos até a influência de expectativas externas.

Vamos mergulhar na importância da autenticidade e da autocompaixão, proporcionando uma base sólida para construir relacionamentos mais saudáveis.

A ambivalência e os questionamentos serão abordados, fornecendo um guia para superar esses momentos. Compreenderemos o impacto emocional da jornada do amor-próprio e como atravessar os estágios de crescimento pessoal que ela oferece.

Além disso, vamos explorar práticas para você comunicar e compartilhar seu amor-próprio com as pessoas, construindo conexões significativas.

Este livro não é apenas sobre a prática do amor-próprio, mas também uma exploração das possibilidades transformadoras que surgem desse processo.

A decisão de adquirir este livro é o primeiro passo em direção a uma jornada de autodescoberta e crescimento pessoal.

Estou aqui para acompanhar você nesse caminho. Espero que as informações compartilhadas nestas páginas sejam inspiradoras e que você encontre nelas apoio e orientação.

Lembre-se de que você merece um relacionamento consigo mesma(o) cheio de amor e compaixão. Pronta(o) para iniciar essa jornada? Então, vamos lá!

Amor

O que tenho de mais precioso na vida é o propósito de ajudar as pessoas a se ajudarem. Se você chegou aqui é porque, em algum momento, compreendeu que eu poderia ser uma luz para clarear algo que esteja acontecendo aí dentro da sua cabeça.

Só estou aqui porque também compreendi que eu poderia contribuir de alguma maneira para que as coisas – que não são coisas – se tornassem um pouco mais fáceis para você.

Porque realmente não é fácil, né?

São sucessões e reincidências de mágoas, decepções.

Está complicado compreender o que se passa aí dentro? Está muito difícil se relacionar?

Você já não sabe mais por onde ir? O que fazer? Você fica se questionando, se perguntando, com uma sensação de vazio imenso?

Por que será que as relações sempre apresentam um saldo tão parecido para você?

Por que será que, inevitavelmente, por mais que você use e abuse daquilo que já leu, aprendeu, sonhou, idealizou, tudo acaba no mesmo lugar?

No final das contas, fica triste, chateado, sem saber o motivo, e fica buscando alguma explicação em si mesmo. Pensa no que fez ou que deixou de fazer ou no que deveria ter feito de diferente. Será que foi alguma coisa que você disse? Será que tem alguma coisa errada no seu corpo, no seu jeito, na sua fala, no seu beijo, no seu sexo? No jeito que você se veste?

Será que você é sensível demais? Sensível de menos? Duro demais, mole de menos?

Você fica tentando encontrar o que gostaria que fosse de outra maneira. Não está mais aguentando se magoar, levar tanta ducha de água fria.

Minha ideia com essa experiência, que dividi em capítulos, é conseguir chegar bem pertinho de você e, por meio das minhas palavras, oferecer um abraço, uma sustentação. Ora acolhimento, ora chacoalhão.

Eu entendi, depois de muito tempo estudando, escutando as pessoas, clinicando, que o sofrimento do ser humano – voltado à sua família, aos seus relacionamentos amorosos, a alguma situação no trabalho, mas, predominantemente, relativo a suas relações, seus vínculos, seus elos e suas conexões – gera instabilidade e inconsistência na sua capacidade de confiar nos relacionamentos.

A minha ideia aqui é apresentar o amor para você. A minha proposta é fazer uma reeducação amorosa.

Podemos nos reeducar para tanta coisa! Podemos fazer uma reeducação alimentar, por exemplo. Quando aprendemos o que comer, para que serve cada alimento, como podem ser aproveitados pelo organismo, qual é o impacto deles no nosso corpo, então começamos a perceber como e por que nos alimentamos e quais são os alimentos mais adequados para alcançar um equilíbrio alimentar.

Nessa reeducação, sabendo como cada alimento pode ser bom ou não, começamos a escolher melhor o que colocamos dentro de casa e dentro do corpo. Nosso corpo passa a aproveitar melhor os nutrientes. Então, passamos a ter mais disposição, equilíbrio e saúde.

Não podemos fazer isso também em relação ao amor? Será que você não sofre de uma má educação amorosa? Será que sua forma de perceber o amor não está equivocada? Será que você tem aí dentro, internalizado no seu íntimo, o amor de um jeito disfuncional?

Será que você nunca parou para pensar que aquilo que fala ou o que deseja se desencontra com aquilo que você conhece? Porque eu só consigo ver no outro aquilo que existe em mim. Então pense: e se o que existir em mim, de acordo com as minhas experiências, com aquilo que eu vivenciei, com aquilo que eu conheci, não for algo bom? E se isso não tiver sido algo positivo?

A pergunta que eu lhe faço é: como você definiria o amor?

A definição que você daria é a de que o amor é um sentimento lindo, que o amor é tudo de bom? Que o amor transmite tudo de mais maravilhoso? Vai me contar que é aquilo que viu em algum filme? Alguém que olha e percebe você? Vai me dizer que o amor é algo indescritível, de tão grande? Que o amor carrega uma imensidão de sentimentos, todos positivos?

Talvez você me conte sobre o amor da forma mais poética possível. Mas talvez você me diga isso de fora para dentro, e não de dentro para fora.

O que eu mais quero é que você possa ter esse amor lindo dentro de si. E não só de fora, como quem aponta, mostra, mas nunca se apropria. Não tem verdadeiramente esse amor aí dentro. Pense sobre isso.

Talvez você me diga que o amor faz sofrer, talvez você me conte que o amor machuca, que o amor faz mal. Que suas experiências amorosas sempre foram muito dolorosas.

Talvez você fale do amor como algo do qual tem até medo, porque seu histórico está repleto de dor, abandono, rejeição, traição, sobre querer e não poder, sobre ter e tirarem de você. Sobre acreditar e se lascar.

Talvez seja isso que você me conte sobre o amor.

Quem sabe você tenha histórias de amor em sua memória, mas com desfechos muito doloridos e traumatizantes.

Talvez você tenha um amor idealizado, um amor fantasiado, um amor megalomaníaco, um amor perfeito, um amor desenhadinho por Deus, mas que, de tão impecável, se torna inacessível. Porque nós somos seres humanos. Nós somos imperfeitos, e, se também pintarmos o amor com cores inatingíveis, como conseguiremos acessá-lo?

Conte-me sobre suas primeiras experiências de amor. Que imagens surgem na sua cabeça? Amamentação, um colo quentinho, um abraço, um olhar que transmite confiança? Deitado na cama com a vovó, vendo o papai trabalhar, alguém que lhe dá um doce, o respaldo de uma amiga, de uma tia, de uma prima, de um irmão? Um aconchego, um cuidado. Sentir-se prioridade, especial, importante? Uma comida bem gostosa na mesa. Um sorvete e muitas gargalhadas, uma viagem inesquecível?

E se você me trouxer as primeiras experiências ruins de amor, o desamor?

E se me trouxer choro, dor, tristeza, afastamento, abandono, rejeição, sofrimento, mágoa, decepção?

Na verdade, o amor é nosso alimento para a vida. O alimento propriamente dito. Aquilo que nos dá energia para que possamos ir e vir no mundo. O amor alimenta a alma, em suas entranhas.

É o amor que faz nosso emocional se tornar apto, que sejamos validados e percebidos. Amados. Faz com que consigamos perceber os momentos felizes da vida e regados de amor-próprio. Justamente por termos amor dentro de nós, por termos uma autoestima mais equilibrada, podemos acreditar que merecemos o que é positivo. Então, aceitamos e nos apropriamos desse amor vital.

E é justamente por amor que estamos aqui. É o amor de que a gente precisa e é esse amor que faz bem. É sobre esse amor, revitalizado em você, que eu quero falar. Quero ensinar a você a ter, reconhecer, absorver e exercitar esse amor.

Quando você estiver se amando de forma suficiente, conseguirá amar todos aqueles que lhe são especiais, porque conseguirá reconhecer com quem vale a pena estar, ficar, compartilhar.

Então, absorva o amor que vem de fora, alimentando um ciclo contínuo. É nesse equilíbrio que a gente vai transitar. Convido você neste momento a pensar também sobre o que mais incomoda, o que mais dói. O que obstrui o seu caminho, que impede o seu crescimento, a fluidez da sua vida? Quais são os obstáculos que você percebe que vez ou outra aparecem?

Perceba os desfechos que reincidem, que o tempo inteiro se repetem em seu caminho. Quais são eles, como são eles?

Conte-me: você está disposto a desenvolver o amor necessário para que essa mudança fundamental transforme a sua vida?

Se disse que sim, mesmo com todos os medos, mesmo duvidando um pouco, mas com muita vontade de atingir um novo patamar, é nessa jornada que você entra agora.

Esta é a minha proposta para você: fazer você se sentir diferente. Enxergar a vida com novas perspectivas. Um novo horizonte que vai se abrir e existir dentro de você. Essa é a minha intenção.

Mas só vai funcionar se você acreditar que está inteira com você. Eu estou! Você está?

Você acredita, se permite, autoriza? Vamos regar esse amor aí dentro? Vamos fazer um "detox" nele? Vamos reconstruir ou desconstruir o que for necessário, para que só o amor bom possa fazer morada em seu íntimo. Então, vamos nessa! Preste atenção ao exercício introdutório a seguir.

Exercício

Resgate memórias, fotos, pensamentos.
Escreva no seu caderno sensações e interpretações sobre suas lembranças.
Faça quatro perguntas a respeito dessas lembranças.
Não responda agora.
Permita que esses sentimentos transitem e toquem o seu íntimo. Para o próximo encontro/capítulo, separe uma foto de quando você era criança.

Visitando a sua criança interior

Como foi fazer essa viagem pensando nas suas lembranças? Foi difícil? Você permitiu que as emoções aflorassem, sentindo o seu coração bater forte?

Visitar as nossas lembranças é sempre uma proposta delicada e que, ao mesmo tempo, envolve uma intensidade imensa. Um turbilhão de sentimentos. Eu pedi a você que fizesse esse exercício porque gosto muito que a gente se conecte com o que transita em nosso mundo interno. No entanto, com a correria da vida, muitas vezes não entramos em contato com esse universo. Temos tanta coisa para fazer, contas para pagar, responsabilidades para assumir. Tem que fazer isso, tem que fazer aquilo.

Sua vida anda puxada, né? São muitas obrigações! Você se sente inúmeras vezes sobrecarregado, não sabe mais como se organizar nesse mundo que parece consumir cada segundo?

E quanto à foto que você separou? Dê uma boa olhada nela. Quando você olha para essa criança, o que vê? Observe com atenção. Tente se teletransportar para o dia em que essa foto foi tirada.

O que estava acontecendo? O que essa criança sentia? Como estava o entorno dela? Essa criança estava feliz? Ela se divertia? Ela sofria? Ela sentia falta de algo? Quais eram os seus sonhos? O que ela gostava de fazer?

Quando você olha bem para essa criança, o que ela desperta no seu coração? Se ela pudesse dizer alguma coisa, o que diria? Ela sorriria? Ela se esconderia? Ela correria e chamaria: "mamãe, papai, vovô, vovó", alguém? O que você acha dela? Você a critica? Você a elogia? O que lhe dá vontade de fazer? Carinho? Ela emociona você, desperta-lhe raiva, saudade? Indiferença? Ela é estranha para você? Ou é uma velha conhecida?

E se eu lhe disser que essa criança que você vê na foto nunca saiu de você? Ela mora aí dentro.

Você a escuta? Você conversa com ela? Você agradece a ela?

Quem anda falando mais alto? Você ou ela?

O que essa criança acha do que você tem feito da sua vida? Ela concorda? Reprova? Tem medo? Está feliz? Satisfeita? Você está cumprindo a sua parte sobre aquilo que ela tanto sonhava e queria? O que sua criança murmura no seu ouvido? O que sua criança berra para você, desesperada?

Você sabia que, quando não escutamos a nossa criança – que é a representação dos nossos desejos mais intrínsecos, legítimos, reais –, quando a ignoramos ou a deixamos para lá, ela fica muito brava? Ou fica triste, calada, reprimida, recolhida em algum lugar dentro de nós.

Ela faz birra, bate o pé, fica desgostosa, e nós nos fragilizamos e enfraquecemos, porque nossa criança faz parte de nós. É com ela, junto dela, cúmplices, unidos, que estaremos mais fortalecidos. Porque nossa criança nunca deixou de existir. Ela só teve que dar espaço para nossa versão adulta, cheia de responsabilidades e ambições.

Cadê a sua espontaneidade? Cadê a sua docilidade? Cadê a sua inocência? Cadê a fonte de seus desejos? E sua esperança? Tudo isso é a sua criança.

De que sua criança tem medo? Ou o que ela sempre quis?

O que você acha de olhar para a sua criança para responder a ela na sua sede, na sua fome, na sua vontade, naquilo que reverbera aí dentro?

Olhe para a foto que você escolheu. Chegue bem perto dessa criança, conte a ela que você está muito feliz de encontrá-la. Que essa oportunidade de vê-la, percebê-la, validá-la, é essencial.

Fale que, por mais que tenha demorado muito tempo, fazer esse momento acontecer é torná-lo eterno, é um hábito contínuo.

Abrace sua criança. Conte a ela que agora, como adulto, você pode fazer muito do que não dava para ser feito lá atrás.

Avise à sua criança que ela não está sozinha. Peça-lhe que relembre os desejos de sempre. Faça um carinho na cabeça dela. Fale que ela é linda e muito importante. Diga que se a mamãe e o papai não puderam fazer aquilo que ela tanto quis, se eles agiram de uma forma que a feriu ou decepcionou, conte que você está aí para fazer a coisa certa, porque não há ninguém melhor do que você para saber do que ela precisa.

Diga à sua criança que você está muito próximo dela. Olhe bem nos olhos dela e diga-lhe que não precisa ter medo, que ela é merecedora de tudo que deseja. Diga que ela tem tudo de que precisa. Fale para sua criança que quando vocês estão juntos não tem para ninguém. Fale que você vai brincar mais com ela. Que ela pode contar com você. Quando ela entender isso, nunca mais estará sozinha.

Diga à sua criança que ela é encantadora. Diga que ela é muito capaz. Peça perdão a ela e lhe dê o seu perdão. Diga-lhe que não precisa se preocupar, que tudo de que ela necessita ela encontra em você.

Dê outro abraço na sua criança e traga-a para perto de você, diga-lhe que você se interessa pelos sonhos dela. Peça a ela que conte e divida fantasias e idealizações com você. Diga-lhe que o coração que ela tem é imenso e lindo.

Diga que ela não deve ter vergonha de nada, que ela é perfeita do jeito que é. Fale que ela não precisa se preocupar com o que as pessoas pensam, porque você pensa muito bem sobre ela. Diga que você valida os sentimentos que ela tem, dê espaço para que ela divida esses sentimentos com você.

Fale que você está ali para considerar tudo aquilo que ela entende e acredita que é necessário.

Fale para sua criança que ela pode se abrir com você, que ela pode contar seus segredos, e escute-os. Que segredos ela tem, aquilo que ela não conta para ninguém? Se você ficar bem quietinho, provavelmente vai escutar.

E, novamente, abrace a sua criança, coloque-a perto de você. Pergunte se ela quer deitar-se no seu colo. Diga que nunca vai zombar dela por algo que trouxer para você. Diga que tudo que ela tiver que trazer é importante. Aquilo que ela não souber ainda ou as fantasias que ela possa vir a ter, se ela achar que não pode, que não consegue, as dúvidas sobre o futuro, se ela achar que não será boa o suficiente, diga que, independentemente de tudo que ela possa pensar, você estará ali junto dela.

E que, seja lá qual for o desejo dela, juntos vocês vão lutar para realizá-lo. Conte que você nunca se sentiu tão bem, tão forte e tão à vontade como agora, unido à sua criança. Diga que vocês têm um ao outro, uma à outra.

Pegue a foto e coloque-a bem junto do seu peito, feche os olhos e diga à sua criança quanto você a ama.

Diga à sua criança quanto você é grato ou grata por tê-la. Diga que ela também tem a você e que, a partir deste momento, vocês estabelecem uma união indestrutível. E que agora aliados, conectados, a vida passa a ter um colorido e uma dimensão diferentes. Você nunca esteve tão forte e tão integrado com seu íntimo como agora.

Respire fundo. Coloque sua foto no peito. Olhe para ela de novo. Respire fundo, coloque a foto novamente no peito. Diga para sua criança que ela é bem-vinda. Que vocês estão juntos agora como nunca. Para todo o sempre.

Leia com atenção o exercício, que eu penso ser fundamental para o encontro no próximo capítulo.

Exercício

Pegue um objeto qualquer, mas algo que de alguma forma você consiga associar à sua criança. Se preferir, adquira um boneco ou uma boneca que passe a representar a sua criança interior.

Durante o tempo que você quiser, acaricie esse objeto, converse com ele e cuide dele.

Diga tudo que tiver vontade e tudo aquilo que você acredita que deveria ter escutado quando era criança.

Essa é uma proposta projetiva e de reparação, para que, fazendo esses movimentos e tendo tais sentimentos, por meio dessa atividade você possa ter algum alívio.

Dessa maneira, você abraça e ampara a sua criança.

Talvez com o tempo você deixe de olhar esse objeto com tanta frequência ou até se esqueça dele, e não há problema nenhum.

Isso quer dizer que, finalmente, você conseguiu trazer essa criança para dentro de si e se integrar com ela. De toda forma, cada vez que olhar para esse objeto, esse boneco, essa boneca, você se lembrará dessa criança.

Esse objeto pode continuar com você ou pode ser passado a outra pessoa, doado para quem você acreditar que, assim como você, em algum momento precisou se reencontrar com sua criança.

Conhecendo a origem para se libertar

Como você se sentiu ao visitar a sua criança? Ela está aí pertinho de você? Eu quero muito, agora, que você pense sobre os seus modelos.

Modelo é tudo aquilo que você viu, que convive com você e inclui o que você entende que seja bom, positivo, mas também aquilo que não tem sido tão agradável. Os nossos modelos vêm das pessoas que estiveram conosco, na nossa fase de desenvolvimento.

Eu imagino que você ainda tem bem claras as lembranças dos momentos em que visitou a sua criança, então pense: quem foram os seus cuidadores? Quem estava com você nas diversas etapas da sua vida? Pense com calma, sem pressa.

Escreva em um caderninho. Não deixe de anotar quem estava lá. Havia mãe, pai, havia vovô, vovó, um primo muito presente? Havia outras pessoas que ajudaram? Uma babá? Irmãos? Escreva o nome dessas pessoas. Pense mais um pouco. É importante que você comece a delinear as características principais delas.

Como elas agiam com você? Elas estavam presentes ou ausentes? Elas eram alegres ou tristes? Eram depressivas? Tinham alguma doença psíquica ou alguma outra doença? Elas eram acolhedoras ou rejeitavam você?

Nesse momento é importante pensar como eram essas pessoas na sua percepção, na sua ótica. Tente olhar com os olhos de um adulto também, porque, muitas vezes, temos a memória e a percepção de quando éramos crianças.

Que modelos são esses? Eram pessoas desorganizadas, construtivas, agregadoras? Ou eram gastonas, compulsivas? Eram pessoas traidoras, desconfiadas? Eram cumpridoras, comprometidas, responsáveis ou irresponsáveis?

Elas tinham algum vício? Eram pessoas que viviam na fantasia ou tinham os pés no chão? Eram pessoas trabalhadoras ou *bons vivants*? Eram pessoas que viajavam muito ou pouco?

Esses modelos estão dentro de você.

Quanto às pessoas sobre as quais você escreveu, tente observar quais eram as mais presentes, as mais significativas na sua história. Então tente escrever, ao lado do nome delas, as frases que você lembra que elas diziam. Por que o que essas pessoas diziam está em algum lugar dentro de você? Talvez elogiassem ou criticassem você? Talvez dissessem: "Homem não presta!". "Mulher tem que fazer isso ou aquilo!". Talvez dissessem: "Você só vai ser alguém se tiver uma determinada profissão". Talvez dissessem que amor é isso, amor é aquilo.

Quais foram as lições que você recebeu?

Você percebe como é importante entender a origem dos nossos modelos? E como essas crenças, esses pensamentos, essas formas de ser e estar se fazem presentes no nosso íntimo?

A forma como essas pessoas conviviam conosco (pode até ser alguém significativo na escola, que de repente vem à sua lembrança), de maneira tanto positiva quanto negativa, na verdade nos sinaliza algo importante: precisamos começar agora a escolher quais dessas vozes queremos que permaneçam no nosso íntimo e quais nós simplesmente não queremos mais.

O reconhecimento desse arsenal que está dentro de nós é um passo importante para que comecemos a perceber quão poluído ou saudável pode ser o nosso íntimo.

Perceba, entre as lembranças dessas pessoas significativas na sua vida, o que você quer que permaneça dentro de você. A coragem de um pai, a força de uma mãe? Os conselhos de uma avó, o companheirismo de um irmão, o comprometimento de algum deles? O amor, o carinho?

E vamos abdicar daquilo que não acrescenta nada. Rejeição, desconfiança, pensamento negativo, consumismo desenfreado, traições. Porque esse legado, dos nossos modelos, das nossas referências de vida, está sempre fazendo sombra, influenciando e estimulando algo dentro de nós.

Por isso existe um conflito muito grande entre aquilo que queremos e o que falamos, o que somos e o que desejamos ser, entre aquilo que entendemos que seja o melhor caminho e aquilo que há dentro de nós.

Nós conseguimos reconhecer apenas aquilo que conhecemos, da mesma forma que só conseguimos acreditar no que autorizamos. E as nossas autorizações estão diretamente ligadas a tudo aquilo que absorvemos.

Você não acha que há momentos na vida em que temos que pegar o nosso armário, nosso quarto, nossa casa e dar um jeito neles? Tirar o que não serve. Quem sabe comprar algo novo de que precisamos. Precisamos nos desfazer de coisas que percebemos que não servem mais, fazer uma boa limpeza para nos sentirmos mais confortáveis, mais à vontade no nosso espaço.

Notar o que faz sentido, o que não faz, reorganizar e eliminar o que só está acumulando e acaba ocupando um espaço que poderia ser ocupado por coisas que hoje fazem mais sentido e que têm mais a ver com você – você tem feito isso? Não? Precisa fazer? Faz sempre? Seu espaço está organizado?

Quando começamos a nos organizar quanto ao nosso espaço físico, já é um passo bem importante para organizar o nosso espaço interior.

Revisitar as nossas memórias – já que visitamos a nossa criança – nos leva a perceber qual é o nosso arsenal de modelos. O que vimos? O que sentimos? Quais vozes falaram ali? Quais são importantes? São positivas? E quais não são boas? Quais são as que só nos atrasam? Quais, no final, só nos paralisam? Quais são as vozes perturbadoras que você carrega?

Não importa se a pessoa está viva ou não está, se mudou, se hoje ela é diferente. Porque muito do que nós ouvimos e vivenciamos pode ainda estar aí dentro, como se fosse uma gravação que continua a tocar na cabeça da gente o tempo inteiro.

Vamos observar, distinguir e notar o que faz bem, o que é construtivo e agregador e o que não é. Quais são esses modelos e exemplos?

E o principal: quando você entra em contato com isso, quando relembra isso, quando está escrevendo e vai percebendo que certas familiaridades, condutas e desfechos que acontecem na sua vida de agora, será que existem reflexos na sua relação amorosa de hoje, na maneira com que você lida com alguém?

Será que sem perceber você reproduz ou evita algo que está gritando dentro da sua cabeça? Algo que você vivia lá no passado, que escutava e em que acreditava?

Como vamos acreditar, confiar que possamos ser ou ter, se aquilo que vivemos e aprendemos lá no passado é tão diferente?

Você percebe esse conflito? Por isso a reconfiguração. Por isso a importância de você entender o que teve, o que aprendeu, para que hoje consiga mudar, separar o joio do trigo.

O que está acontecendo na sua vida hoje? O que está fazendo mal? Quando você lança um olhar para o passado, os exemplos que teve dessas pessoas significativas passam a ser um pouco parecidos com o que está havendo hoje?

Reflita e faça anotações, se quiser.

Vamos já começar a selecionar o que não queremos? Vamos selecionar o que queremos que permaneça? Vamos também pensar sobre o que faltaria para que pudéssemos ter mais força. E ter uma certeza mais consistente. O que podemos tentar e que dá para arriscar.

É muito importante entender o que trazemos na nossa bagagem. Cada um de nós tem uma história, um legado. Cada um de nós teve – ou deveria ter tido – um papai, uma mamãe, um cuidador, uma realidade de vida.

Por mais que esteja lá no passado – e achamos que o passado está muito distante –, pode ser que ainda fique latejando dentro de nós um monte de coisas.

Este capítulo é justamente para você reconhecer sua bagagem e entender o que transita no seu íntimo. Para que você comece esse processo de decisão sobre o que fica e o que vai, e o que você ainda precisa negociar, porque talvez esteja muito enraizado no seu mecanismo.

Para que o novo, o melhor consiga entrar na sua vida, liberte-se. Liberte-se de tudo aquilo que atrasa, que leva para o mesmo lugar com um desfecho similar.

Observe o que mais atrapalha você hoje: desconfiança, sensação de abandono, repetidas rejeições, dificuldade de controlar a situação, medo de se entregar, receio de não dar conta, sensação de que em algum momento vai viver o abandono, falta de autoconfiança.

Perceba como as suas dificuldades, hoje, se refletem nas suas relações, nas situações que você se permite ou deseja.

Observe como tem pensamentos, crenças, certezas sobre si, percepções a respeito da sua autoimagem, das suas potencialidades. Ou, talvez, uma percepção completamente distorcida sobre o que você verdadeiramente é, pode, consegue ou merece.

Veja como tudo isso reverbera na forma de você se posicionar na vida.

Se nós só enxergamos o que existe em nós e aquilo que nós percebemos passa pela nossa ótica, quão míope você pode estar a seu próprio respeito?

Qual é o pensamento que você tem dentro de si que mais o prejudica? Se eu perguntar o que você pensa sobre si mesmo, o que responderia? Aquilo que vier sem que você critique, sem que tente arrumar, negociar, é legítimo.

E esse pensamento sobre você aparece na sua vida em diversas situações: quando vai para uma casa noturna, vai se encontrar com alguém, vai a uma entrevista de emprego, sai para conversar com uma amiga, chega a uma festa, entra em um novo curso, quando precisa tomar uma decisão, quando tem que fazer uma escolha, quando tem que adotar uma postura, tomar uma atitude fundamental. Inclusive quando você tem que renunciar a algo ou se posicionar.

Isso é determinante para a sua história. Quando você precisa decidir, essas sombras, esses pensamentos, essas crenças surgem bem rápido e tomam conta da sua mente. Eles têm uma influência absurda naquilo que você faz ou deixa de fazer.

Quando eu lhe propus que entrasse em contato com sua criança, rememorar tudo que aconteceu lá atrás, refletir sobre seus modelos e suas influências, eu queria que você entendesse quais são as cartas que tem na manga. E o que você tem aí dentro, justamente para começar a reconhecer o que o prejudica, o que atrasa, paralisa, o que faz você retroceder e dificulta sua vida na assimilação de muitas trocas, inclusive na apropriação de muitos dos afetos.

Quando eu não tenho uma boa percepção sobre mim, quando tenho crenças disfuncionais que me prejudicam absurdamente, quando eu olho para o outro, quando estou em uma determinada situação, tudo isso transita e pode, inclusive, envenenar a minha capacidade de ter uma noção legítima sobre o que eu realmente sou.

A percepção que temos sobre nós, na verdade, é muito mais emprestada de alguém lá atrás, que era muito importante para nós, do que a imagem daquilo que realmente somos.

Quantas pessoas até hoje, com 20, 40, 70 anos de idade ou mais, não têm ideia da dimensão que têm? Nunca conseguiram exercer as suas reais atitudes, até hoje impera o que ouviam sobre si mesmas.

Há pessoas extremamente inteligentes que se dizem burras. Existem seres humanos incríveis, valiosíssimos, que não têm a menor noção do valor que têm. Pessoas lindas que não se veem assim, não percebem a sua própria beleza. Estão presas em alguns estereótipos em relação ao que lhes foi dito, com estigmas criados, preconceitos. Acreditam em alguma caracterização ou algum palavreado pejorativo, que foi tantas vezes repetido, que a pessoa assumiu como verdade, vestiu e aquilo se tornou uma identidade.

Você tem ideia de quão importante é o que ouvimos sobre nós durante a nossa vida? Se eu escutar na minha fase de desenvolvimento que sou incompetente, burra, que não sou capaz, vou suar muito a camisa para mudar isso, principalmente se eu não me conscientizar. Se eu realmente vestir a carapuça e nunca tomar consciência de como isso foi impregnado na minha mente por outra pessoa, e entender que não diz respeito a mim, isso passa a fazer parte da minha história. Mas uma parte da minha história da qual eu quero me libertar. Qual é a parte da sua história que você quer deixar para trás?

Quando pensamos sobre isso, não podemos ficar procurando a quem culpar. Porque nutrir raiva de qualquer pessoa vai tornar você uma vítima das circunstâncias, fazendo com que se fragilize e se sinta ainda mais vulnerável. Isso dificulta, de certa maneira, que você se aproprie da força possível do agora. É aquela história: toda vez que eu dou flores para alguém, fica um pouco de perfume nas minhas mãos. O mesmo vale para o caso de apedrejar alguém: muita coisa ruim pode ficar nas minhas mãos também. Então não perca seu tempo odiando, se vingando, ruminando raiva e sentimentos negativos.

Quanto àquele que falhou ou que lhe deu o que tinha e talvez não tivesse muita coisa para dar, não é da sua conta, a conta é do outro. Deixe que esse outro entre em contato com isso, se ele puder, nessa dimensão ou em qualquer outra.

Cabe a você distinguir o que não faz sentido, o que não é bom, para que consiga se revisitar, se perceber. E se libertar dessas amarras. Tentar se livrar delas já é um grande primeiro passo. Como é essa sensação de autonomia? Saber o que nos faz bem e o que não nos faz bem, de onde isso vem e de quem vem já está de bom tamanho.

Perceba nos seus dias atuais, em sua vida, no agora, naquilo que você busca, quais são os principais atributos de que sente falta em si mesmo. Ou aquilo que entende que tanto prejudica você.

Pense no que você disse: é insegurança, desconfiança, irritabilidade, uma compulsão ou uma tristeza que você não sabe de onde vem? Observe como isso pode ter se originado de alguma coisa que você recebeu lá atrás, de algo que você presenciou.

As pessoas mais significativas, mais importantes da sua vida, sofreram algo parecido? Elas vivem algo parecido?

Por exemplo, sou desconfiada, mas percebo que minha mãe era desconfiada. Ou tenho dificuldade de manter minhas finanças em equilíbrio, porque minha família também tinha dificuldade de lidar com dinheiro. Ou todo mundo da minha família foi traído e eu estou sendo traído também.

Isso porque muito daquilo que tivemos, muito do que conhecemos, tende a se repetir. Fazemos aquilo que aprendemos e, às vezes, tentamos fazer justamente o extremo oposto. Mas o extremo oposto nos coloca no mesmo lugar.

Então, quando nos damos conta, lá estamos nós, desorganizados; como se não pudéssemos ter muito apoio naquilo que fazemos, exatamente por ser extremado. Porque modelo a gente pode reproduzir, de uma maneira fiel – ou perceber que não é bom e tentar fazer o extremo oposto.

Isso pode gerar culpa, uma sensação de desorganização, de estarmos perdidos. Porque não é necessário nem oito nem oitenta, mas uma conduta que esteja em equilíbrio com o que somos, com o que conseguimos, podemos e devemos fazer, de acordo com o que desejamos. Senão, mesmo fazendo o extremo oposto, vamos nos limitar também, estaremos sempre seguindo esse parâmetro e continuaremos fixados no mesmo padrão.

Sabe aquela pessoa que teve um familiar alcoólatra, e hoje não pode nem fazer um brinde? Tem horror a qualquer movimento que inclua álcool, não pode tomar um golinho de nada e, ao mesmo tempo, não se sente confortável com isso?

Ou, então, uma pessoa que viveu muitas traições na vida: a mãe era traída, a tia era traída, a avó era traída e, agora, ela olha para qualquer homem e pensa: todo homem trai, então não vou me relacionar. Esse comportamento é extremado, pode indicar o desequilíbrio.

Então, identificar o que está acontecendo e de onde vem é um passo muito importante para a libertação. Descobrindo a origem e se libertando. Percebendo o que mais nos influencia, soltando as amarras. Reconhecendo o que não precisamos, o que está só atrapalhando. Para que tudo possa acontecer, para que possamos abraçar o que sentimos como importante, sem tanto ruído, sem tanto envenenamento, sem tanta lembrança e tanto modelo tóxico.

Está percebendo as suas amarras? As suas algemas? Vamos começar a desatar? Vamos começar a negociar? Conhecer os aprisionamentos que nos atrapalham?

Nós nem sabemos por que, mas, na hora que algo bom pode acontecer, falamos que queremos muito aquilo, algo maior acontece e, quando nos damos conta, retrocedemos, não fomos, não conquistamos.

Isso pode ter muito a ver com essas prisões ou essas fixações e crenças que trazemos no nosso repertório.

Agora, preste atenção ao exercício a seguir, para que você fique ainda mais preparado para outro assunto que eu vou abordar.

Exercício

Identificando a origem para se libertar.

Em pé, feche os olhos e mentalize o que há em você que obstrui o seu caminho, atrapalha, paralisa, que tem sido um atraso na sua vida.

Faça um movimento com as mãos, como quem tira algo de si e lança fora.

Faça isso quantas vezes quiser, ao mesmo tempo mentalizando: "Eu não preciso mais desse determinado comportamento, pensamento ou crença".

É uma maneira de se conectar com o universo e mostrar o que fica em você e o que não lhe pertence mais.

Faça as suas anotações, é importante.

Reconhecendo-se

Como você se sentiu ao observar o que não é seu? Retirar isso do seu mecanismo, ou pelo menos tornar-se mais vigilante a respeito e devolver a quem pertence.

Quando nós falamos sobre observar o que não faz mais sentido, o que atrasa, o que está nos prejudicando, percebemos os modelos que estamos reproduzindo e de que nunca sequer tínhamos nos dado conta, então nós os devolvemos ao lugar de onde vieram.

Algumas vezes, a sensação que temos é de que vamos colocar esse peso em alguém. Mas, na verdade, é uma forma simbólica de expressar esse movimento importante de não tomar para nós o que é do outro.

Tem sonho que é da sua mãe, tem desejo que é do seu pai, ansiedade, medos, bloqueios que são deles. E eles, no momento em que entenderem, se quiserem e se estiverem dispostos, farão esse desapego, esse movimento de também devolver para o outro o que acabaram carregando em suas vidas sem que lhes pertencesse. Costumo dar a isso o nome de lealdades invisíveis. Aquilo que reproduzimos, sem perceber, em função da lealdade que desenvolvemos em nosso íntimo. Somos leais a alguém de nossa família, que nos signifique bastante, quando perpetuamos uma dificuldade financeira, por exemplo.

Somos leais à mãe ou ao pai quando continuamos manifestando certos traços de personalidade, desconfiança, até mesmo sucessivas traições. E nunca nos damos conta por que isso acontece. Entendemos isso como nosso. Às vezes até damos risada, dizendo: "Caramba, todo mundo da família é assim".

Existe um movimento muito espontâneo do ser humano quando ele reproduz o que sempre viu. E conseguir identificar o que não está nos fazendo bem, que está nos trazendo prejuízos homéricos, é muito importante.

Até esse momento, falamos sobre o passado. Sobre o que veio, de onde veio, por que veio, o que reproduzimos. Falamos sobre como percebemos nossa situação atual e como isso pode ser um reflexo de muitas coisas do nosso passado. Pensamos sobre a internalização dos nossos afetos. Questionamos o que vivemos lá atrás, se pode, de alguma forma, ter nos ferido, ter se tornado uma regra, até uma maneira de ser e perceber o mundo. Como tudo isso pode afetar e impactar a percepção que temos de nós mesmos e do mundo.

Agora vamos entrar em um lugar muito interessante, que é a possibilidade de nos reconhecermos.

Você se conhece? Você se reconhece? Já percebeu que, em alguns momentos, algumas pessoas veem em você virtudes e características que nunca tinha percebido? De repente, uma amiga fala de uma qualidade sua e você pensa: "Ah, falou isso porque gosta de mim. Porque é simpática, quer me agradar". Isso denota que há uma dificuldade de enxergar essas características em você.

Às vezes, você tem a sensação de que sempre o outro está melhor, a outra é mais interessante, como se aquilo que você tem, que você é, não fosse o bastante, não fosse o suficiente?

Por isso, reconhecer-se é muito importante. O que eu tenho em mim, quem eu sou, não se trata de querer ser o melhor, o mais bonito, o mais inteligente, o mais incrível. Não. Até porque "ser mais" é muito relativo.

O essencial é que possamos nos perceber, nos apropriar daquilo que temos e somos. Então, conscientes do nosso tamanho, conseguimos aceitar o que somos e entender onde nos encaixamos, onde não nos encaixamos, o que nos faz bem, o que não nos faz bem, e agradecer por aquilo que temos.

Caso contrário, seremos eternamente insatisfeitos. Podemos, inclusive, nos tornar invejosos ou até tímidos demais, nos fechar, recuar diante de todas as situações da vida que nos colocam à prova – desafios, testes que nos despertam o desejo de conquista, a busca.

Tudo isso só conseguiremos, só nos atreveremos, arriscaremos, conforme entendermos quem somos, como somos e quais potencialidades existem em nós. Então, o primeiro momento é a autopercepção.

Perceba-se.

Quando eu lhe pergunto "o que você vê em si?", sob o ponto de vista físico, o que vem à sua cabeça? Quais características você consegue perceber? Observe seu corpo, os detalhes dele, sua altura, seu peso. O seu tipo de pele, seu cheiro, seu cabelo. Seu rosto, as marquinhas que existem nele, em todos os detalhes. Cada parte do seu corpo, primeiro por fora, depois por dentro.

O que você percebe dentro de si? Tudo funcionando, cada parte do seu corpo trabalhando, para que você exista, para que você esteja aqui, para que possa experimentar sabores, viver experiências, sentir emoções. Poder usufruir aquilo que importa, aquilo que toca você.

Estamos acostumados a colocar defeitos no nosso corpo, ou mesmo internamente. Sempre achamos que deveríamos ser melhores. "Eu queria ter um metabolismo diferente"; "Queria ser mais inteligente"; "Eu deveria ser mais perspicaz"; "Eu queria ter mais habilidade esportiva."

Na maioria das vezes, estamos sempre nos criticando e exigindo muito de nós mesmos. São raríssimas as pessoas que exercitam a gratidão e o movimento de se elogiar. Mas isso não tem que ser forçado, vai acontecer se você quiser. Faz parte de um processo, para aprender a se amar mais, para aprender a trazer o amor mais para perto.

A autopercepção é essencial. Eu não preciso ter o cabelo perfeito, o corpo perfeito, a pele perfeita, para que eu goste daquilo que sou.

Eu preciso entender que é essa "casca" que veio para mim nesta vida e é através dela que eu vou acessar muito das minhas emoções, das minhas sensações, mergulhar nos meus sentimentos e vivências.

É por meio dela que eu darei os meus abraços, meus apertos de mão, meus beijos, que vou viver a minha sexualidade, que vou me aproximar daquilo que é importante para mim, que toca o meu coração. É por meio dessa casca que eu vou me conectar com as pessoas e é através do meu conteúdo, do meu íntimo, que isso vai fazer sentido.

Para eu chegar aos lugares, para que eu consiga viver experiências, eu preciso dessa casca. Desde os meus pés. Nós damos tão pouca importância para os nossos pés, que nos levam para toda parte. Cada partezinha do nosso corpo é importante: nossa boca, nossos olhos, nosso nariz, pescoço, tronco.

Conforme eu estou falando, você está pensando, não é?

Então, toque o seu corpo, as suas mãos, os seus joelhos, suas pernas, para que você vá sentindo, para você se perceber.

Quando toca o seu corpo, você faz movimentos de validação, de percepção, entende que existe.

Você está se percebendo e, ao fazê-lo, ao mesmo tempo está se avaliando. Conto para mim que eu existo, que isto é meu. Paro de criticar, de odiar, e começo a validar, a gostar e a trazer cada parte de mim para a integração do meu EU.

Essa é minha casquinha, essa é a forma com que eu vim para este mundo. Pegue cada parte do seu cabelo, cada pedacinho, e dê atenção especial às partes que você costuma dizer que não gosta.

As partes de nosso corpo que dizemos que não gostamos são as que mais precisam de nós. São as que ficam escondidas, tapadas, colocadas de lado, sempre olhadas com desaprovação, sempre citadas com tom pejorativo.

Como a gente se ataca, né? Isso tem um peso e reverbera diretamente na maneira como nos vemos.

Como vou conseguir me apropriar daquilo que é bom, como vou acreditar num elogio dirigido a mim, se o tempo inteiro eu estiver odiando partes minhas, quando não o todo? Sempre querendo ser uma pessoa diferente do que eu sou? Evitando me olhar no espelho?

Você evita o espelho? Você evita se ver nua? Que tal se olhar, se tocar, passar um creme no seu corpo, se acariciar?

Toque-se com respeito, agradecendo. Seu corpo carrega tantos momentos e sensações, pois a química que temos com as pessoas acontece justamente pelo toque do corpo, pelo cheiro.

Borboletas no estômago. Frio na barriga. Boca seca. Já teve isso? Quando ficamos muito ansiosos, o nosso corpo se harmoniza com nossos sentimentos.

Veja que, quando nós fazemos um movimento de criticar o nosso corpo, de dizer que ele não é bom o bastante, de estar o tempo inteiro dizendo que tinha que ser diferente, observe que isso também vai impactar nossas emoções.

Não se trata simplesmente de dizer "Eu não gosto do meu corpo. Vida que segue". Meu corpo sou eu! Cada partezinha dele sou eu.

Olhe para o seu corpo. Tudo isso é você. Cada parte dele. As partes ressecadas também. Olhar, validar, elogiar, abraçar, trazer para perto é importantíssimo. Isso é uma vibração que fazemos no nosso corpo, como uma forma de afirmar:

Eu me aceito.

Eu gosto do que tenho.

Eu sou suficiente para mim.

Isso não quer dizer que você não possa melhorar, fazer mais exercício, fazer uma intervenção em alguma parte do seu corpo, caso você entenda como necessária. Mas viver em busca de algo diferente daquilo que se é, significa nunca se abraçar por inteiro.

Agora que passamos pela autopercepção, vamos seguir para a identificação.

Vamos identificar como nós nos percebemos? Cada característica que temos, como uma forma de compreender aquilo que somos, o tamanho de cada parte do nosso corpo, a cor, o jeito. Cada vez que nos olhamos, nós nos validamos, nos integramos e dizemos "isso é meu, assim sou eu", ou seja, entendemos que existimos.

E por dentro, o que vemos por dentro? Se você pudesse viajar para dentro de si, para onde iria primeiro, o que perceberia? Sua sensibilidade, sua capacidade de socializar, sua timidez, seu humor, sua inteligência, perspicácia, sua docilidade, seu carisma, sua criatividade, sua resiliência, sua empatia, seu interesse pelas pessoas, sua maneira de ser, mais nostálgica ou mais intensa.

Pense, tudo isso faz parte do que você é. São as suas características físicas e emocionais. Assim é você.

Você pode mudar algumas coisas, aprimorar, destacar, claro que sim, mas perceber aquilo que tem, se apropriar disso é muito importante.

Qual é o cenário hoje da sua vida? Observe. Com quem você mora? Qual é o seu status? Está com alguém, está namorando, está casado, solteiro, tico-tico no fubá? Há quanto tempo?

Como é o lugar em que você está? É do jeito que você quer ou gostaria que fosse diferente? Há quanto tempo você mora aí?

Você está estudando? Você trabalha?

Tente observar além daquilo que você tem por dentro e por fora, onde você está, esse reconhecimento do território. Como está o lugar em que você mora? Está organizado ou está bagunçado? Está do jeito que você gosta? Está em fase de transição? Está contente no lugar onde está?

Tudo isso repercute aí dentro de você, traz paz, pressão ou agitação, ansiedade. Como você está financeiramente? Está difícil, está puxado? Nunca se equilibra ou está começando a se equilibrar? Você tem um bom plano para isso ou nem se preocupa?

Ainda depende dos seus pais ou mora com eles? Quer muito morar sozinho? Acabou de se mudar? Observe esse cenário. Vá trabalhando na sua cabeça: tem um cachorrinho, um gatinho, ou quer ter? Como está a bagunça do armário? Precisa comprar algumas coisas para a casa? Está morando com uma amiga, com amigos?

E o trabalho? Existe satisfação ou não? Algum assédio? Está complicado, tenso? Queria algo melhor, está estagnado?

Vá percebendo todo o entorno. O que você anda fazendo por você? Tem tido uma rotina caótica? Tem feito exercícios? Sempre se promete isso e nunca faz? Tem dormido demais ou de menos? Tem tido insônia?

Está o tempo inteiro dizendo que tem que fazer isso ou aquilo, mas não faz? Fica com preguiça de tanta coisa que teria que fazer e acaba não fazendo nada? Começou a fazer agora?

Observe um pouco o histórico daquilo que você promete, que combina consigo mesmo fazer e não faz.

Quais são seus interesses, seus *hobbies*, o que lhe faz bem? O que você tem feito ou abandonou?

Observe o que deixou de fazer na sua vida que faz muito sentido para você. Perceba o que você faz. Procure se organizar.

Pense no que eu falei anteriormente, nessa organização de si, de se perceber. Está se reconhecendo? Como você é por fora, como é por dentro? Como você se identifica nas suas características, virtudes, dificuldades, no cenário em que está?

O que você gosta ou não de fazer? Com quem você mora e onde mora? O que você queria na sua vida? O que faz pela sua vida? Quando você está satisfeito consigo? Perceba que tudo isso transita dentro de você. Essa é a sua principal ferramenta. Aquilo que você traz consigo, aquilo que você é, como você se percebe, quanto você está satisfeito com aquilo que vê em si. E o que você traz e convida para fazer parte do seu mundo. Desde pessoas a atividades e coisas que você coloca no seu universo. Pondere.

Agora que você está bem reconhecido para si mesmo, faça o exercício a seguir.

Exercício

Vá até um espelho da sua casa. Pode ficar sentado ou em pé. O importante é que você esteja confortável.

Olhe-se, perceba-se e vá acariciando todas as partes do seu corpo, desde o cabelo até o dedão do pé, e demore-se o tempo que quiser em cada pedacinho dele. Agradeça por esse ser o seu corpo.

Lembre-se de que ele acompanha você desde o primeiro dia da sua vida até hoje.

Abrace-se com carinho e reforce a importância que esse corpo tem para você.

Faça suas anotações.

Delimitando contornos

Como você se sentiu ao fazer o exercício do espelho? Foi difícil perceber como você é? Aceitar cada pedacinho seu foi bom? Fez uma viagem gostosa em si mesmo – entendendo cada parte sua, se olhando, conversando com elas? Unindo tudo, tratando-se com mais respeito, carinho e consideração.

Aceitar-se não é fácil. Penso que nós internalizamos inúmeras crenças a respeito de nós mesmos e também brigamos com padrões preestabelecidos e que têm influência sobre nós.

Na verdade, o não se aceitar vem muito mais das influências externas do que a partir do que nós temos por dentro. E, como uma criança, você só vai entender, só vai começar a se esconder ou se criticar conforme começar a socializar, a viver as interações. Começar a ter esse desespero, essa saga e viver essa luta para ser aceito. Todos nós passamos por isso, uns mais, outros menos.

Então, olhar-se, validar-se e aceitar-se pode ser um pouco custoso, porque oferecemos resistência.

A primeira vez que eu fiz o exercício no espelho, esse de autoaceitação, foi muito difícil para mim. Porque comecei a entender que aquilo que eu via ia muito além da imagem que era refletida, mas se encontrava com a imagem que eu tenho internalizada e codificada no meu íntimo sobre mim.

Você já parou para pensar que, talvez, quando se olha, você tem a imagem bastante distorcida de tudo aquilo que acredita que você seja? Você já notou que em alguns momentos da vida nós estamos tão bem, tão felizes com alguma coisa, que nós nos olhamos e nos achamos lindos? E há outros momentos em que não importa o que façamos – podemos pôr a roupa que for, arrumar o cabelo do jeito que for, fazer a *make* mais incrível do mundo –, parece que nunca é o suficiente, nunca estamos bem.

Trata-se muito mais de um bem-estar intrínseco, emocional, do que da imagem refletida. No entanto, embora seja difícil, assim que conseguimos encontrar o rumo, o caminho é maravilhoso.

É tão bom se aceitar, se gostar, se amar, se libertar, se despir das imperfeições que achamos que temos ou que é normal ter. E entender que aquilo que somos é inteiramente nós e que não há ninguém igual a nós. Não querer ser melhor do que ninguém, não querer superar absolutamente nada. Mas abraçar com unhas, dentes e coração aquilo que somos. Agradecer por termos a nós mesmos.

Porque o jeitinho como você se coloca, aquilo que você é, é perfeito na sua vida. É preciso entender o que o nosso corpo carrega, as características que temos, o que elas possibilitam, entender as nossas limitações – as quais, se quisermos trabalhá-las, que o façamos não com raiva, mas com carinho, sem cobranças.

É um alívio muito grande tirar essa carga das costas. Parar de carregar tantas coisas que, sem perceber, podemos estar depositando no nosso corpo. Frustrações, raiva, culpa, bloqueios – e até barreiras em função de algo externo que tememos que possa acontecer. Ou algo que está dentro de nós mesmos e que, possivelmente, nem nosso é. Foi colocado e estamos carregando.

É muito importante se reconhecer. Você está se reconhecendo aí? Está entendendo tudo que você tem? Já olhou a sua bagagem? Agora nós fomos para o corpo – externo, interno –, para as emoções, observando, percebendo.

Você fez um balanço do seu cenário, do lugar em que está? Foi se dando conta de algumas situações que estão incomodando? Lugares que você ocupa e nos quais não está confortável? Pessoas que estão com você, mas que não fazem mais sentido na sua vida?

Vamos tratar agora sobre delimitação de contorno.

Depois que se reconhece, você precisa traçar um contorno. Qual é o seu contorno? Quais são os seus limites? Para eu conseguir colocar limite em alguém, preciso primeiro ser consciente dos meus próprios limites. Preciso entender até onde eu posso ir, em todos os setores da minha vida.

Eu preciso entender a roupa que me veste – não o que os outros acham que fica melhor para mim, mas o que eu percebo que me deixa à vontade, com que eu me sinta bem, confortável.

Eu preciso entender o alimento que me nutre. Observe que tudo tem a ver com limite. Bebida, por exemplo: quanto eu posso beber?

Todo excesso e toda falta, quando extremados, mostram que você não entendeu muito bem o seu contorno. Isso vale para a roupa que eu visto, para o que eu como, para as pessoas que eu permito que entrem ou saiam da minha vida. Como elas agem comigo, como eu ajo com elas.

A minha noção não é só espacial, mas também emocional. O que vai bem para mim e o que não vai? Que lugares me fazem bem e quais me fazem mal? Atividades que têm a ver comigo e aquelas que não têm a ver. Qual é o tipo de emoção que eu gosto de sentir e quais emoções me ferem?

O que pode ser bastante para mim, pode ser insuficiente para você. O que pode me agredir, pode não agredir você. O que pode ser invasivo para você, pode não ser para mim.

Somos pessoas distintas. Não dá para generalizar. Quando eu noto o meu contorno, eu entendo o que cabe em mim, na minha vida. Em relação a tudo. Seja até que horas vou ficar acordado, seja aquilo com que vou me alimentar, lugares que vou frequentar ou não, o que eu aceito que as pessoas façam comigo ou o que não aceito. Eu preciso ter essa noção sobre os meus limites.

Quais são os seus? Comece a observar o que o incomoda no comportamento das pessoas em relação a você. Observe as situações que lhe causam desconforto. Veja também as situações que trazem algo bom para você. Tudo isso ajuda você a entender os seus limites.

Primeiro, estabeleça os seus limites. Quando eu sei o que quero e o que não quero mais, o que aceito ou não, o que faz e o que não faz sentido para mim, passo a aprender a dizer "não" com mais naturalidade, não só verbalmente como no posicionamento que tenho no mundo.

Não é necessário que você diga "não" para muitas pessoas, você pode simplesmente se posicionar de uma forma que consiga se proteger e se precaver de interações e situações que o machuquem.

As pessoas que não estabelecem limites, que não têm os seus contornos bem delineados, com frequência se prejudicam, se machucam. Sentem-se abusadas. Percebem ter sido prejudicadas pelas interações que têm ou pelos lugares em que estão.

Quantas são as situações em que nos encontramos há tanto tempo e, acostumados que estamos com elas, não percebemos que estamos sendo invadidos, desrespeitados? Nem percebemos como têm repercutido negativamente em vários âmbitos da nossa vida.

Qual é o contorno que você precisa fazer, mais firme, para que tenha consciência e possa se posicionar em relação aos outros, de uma forma que entendam os seus limites?

As pessoas só fazem conosco o que permitimos que façam. Quem deixamos entrar em nossa vida? Como nos posicionamos?

Não adianta jogar a responsabilidade nas costas do outro, contar com o bom senso da pessoa, para que ela entenda até onde pode ir.

Essa história de acreditar que a pessoa terá a noção de como se posicionar, contando com a educação ou capacidade crítica do outro, pode nos deixar em apuros diversas vezes.

Eu tenho consciência dos meus contornos, dos meus limites, e me posiciono na vida sendo fiel a eles.

Dizer "eu não quero, eu não posso, eu não vou", com toda a diplomacia que você quiser, é essencial, além do que possa imaginar. É isso que nos salva de várias situações – inclusive daquelas que podem ameaçar a nossa sobrevivência.

Caso contrário, passam por cima de nós, somos invadidos e deixamos de ter o que é importante. Perdemos a nossa vez, o nosso lugar. Não conseguimos alcançar nem ser aquilo que faz sentido para nós. No final, ficamos desgostosos, chateados, com uma sensação de que não deu certo, de desvalia, prejudicando nossa autoestima. Ao priorizar o outro em detrimento de nós.

Coloque uma coisa na sua cabeça: as pessoas suportarão o seu não. Sim, muitas ficarão frustradas. Elas querem algo que consideram importante, e, quando você disser não, estará priorizando o que é importante para você, em situações em que não cabe negociar.

Se você perceber que aquela posição, aquele acesso, aquele movimento do outro, vai prejudicá-lo de alguma forma, diga NÃO. Quando você diz não para o outro, você diz SIM para você. Você se protege, se prioriza.

Mas isso não é ser egoísta? Não! Isso é ser justo consigo mesmo.

Em muitos momentos você vai ceder, vai se flexibilizar. Não somos sozinhos no universo. Devemos ter empatia e respeito, saber viver em grupo. É fundamental. Mas dizer não para se preservar e respeitar os seus contornos faz com que você diga **não sem culpa.**

O outro vai tolerar, não vai gostar, vai ficar frustrado, mas vai sobreviver. Inclusive, vai respeitar você.

Daí eu lhe pergunto: você quer ser o querido de todos, o superlegal? Mas na verdade não é respeitado. E, no final das contas, não vai inspirar confiança em ninguém, porque só se pode confiar em alguém que percebe sua existência, que tem os seus contornos. Quando disser não, você estará se protegendo, sendo justo com o outro. E, quando disser sim, estará sendo honesto, inclusive.

Daí você pode me perguntar: mas não vou perder o pouco que eu tenho? E se a pessoa não me procurar mais? E se ela sair da minha vida? E se nunca mais quiser estar ao meu lado? Faz parte. Você quer estar com uma pessoa que só está ao seu lado porque você diz sim para tudo que ela pede?

Como você será respeitado por uma pessoa a quem sempre diz sim, atendendo a todos os desejos dela? Onde ficam os seus desejos? Onde fica o respeito ao seu íntimo e ao seu espaço? A pessoa que sabe até onde vai com você é a pessoa que o vê, que o enxerga; essa, sim, vale a pena ter ao lado.

Essa pessoa que você tem ao seu lado ou essa em quem você está pensando agora, ela respeita os seus limites? Está começando a respeitar? Às vezes respeita, às vezes não?

Independentemente do que ela faça, faça você, porque, com certeza, a partir do momento que você souber dizer sim e não, ela o respeitará. Quando você tiver mais consciência dos seus contornos, quando tiver mais tranquilidade. Quando começar a fazer isso, vai se tornar um hábito.

Então, diminuirá muito a sensação de culpa ao dizer não. Com certeza, só estarão com você aqueles que respeitam seus limites. Você estará ensinando às pessoas como quer ser tratado.

Saindo um pouco do tema limite, mas ainda em relação a perceber os nossos contornos, vamos pensar um pouco sobre tolerância?

O que você tolera? Será que tolera muita coisa? Será que o excesso de tolerância faz com que você esgarce os seus limites de aceitação? Tolerância e aceitação andam bem próximos. Porque, de acordo com aquilo que eu tolero, eu também posso ir esgarçando os meus limites de aceitação, então estou me deformando. E quanto aos meus contornos? Estão sendo totalmente desrespeitados, desalinhados e desorganizados. E aí começo a aceitar muito do que eu não deveria, do que eu não podia e muito do que pode atrapalhar e mandar ralo abaixo tudo que eu desejo para a minha vida.

No final, acabo sendo desrespeitado e não sendo percebido. As pessoas com quem eu me relaciono entendem que eu aceito e aguento tudo. Entendem que podem fazer comigo o que bem quiserem. Porque o meu limite de aceitação está completamente esgarçado.

Lembra-se de quando eu falei que podemos ter aprendido com os modelos que tivemos na vida? Observe como podemos estar aceitando muita coisa porque nos acostumamos a viver no caos, nos acostumamos a receber pouco. Então, vamos aceitando.

O ser humano tem capacidade para aceitar e se adaptar, de aceitar pouco, cada vez menos, então o seu emocional vai atrofiando. Assim a gente vai se acostumando a receber migalhas, a ser maltratado.

E as novas regras absurdas nas relações? Talvez você esteja num relacionamento há tanto tempo e as regras são tão medíocres e restritivas, mas você vai aceitando, vai se adaptando, se acostumando e, quando se dá conta, aquilo virou algo normal.

Se a gente não cuidar, vai normalizando o que não é normal. Aceitando o inaceitável. Fazendo caber o que nunca coube. E os contornos? Onde estão?

As nossas regras precisam estar sempre presentes. Então, esse medo da perda vai assombrando, fazendo você aceitar o que jamais deveria ser aceito. Tolerar o que jamais deveria ser tolerado.

Independentemente do que esteja vivendo, tenha uma certeza na sua vida: você não tem que aceitar desrespeito de ninguém. Não tem que tolerar o intolerável. Nem abdicar daquilo que é seu só porque alguém mandou ou sugeriu isso. De jeito nenhum. Então, observar a sua aceitação e a sua tolerância é essencial para entender os contornos que estão faltando e começar já a realinhá-los.

"Mas, meu Deus" – você se pergunta –, "eu nunca dei limite nenhum, vou começar a pôr limite agora?".

Vai. Você não precisa começar colocando mil limites e tornar sua vida um inferno, mas pode ir aos poucos.

Nós podemos impor limites a relacionamentos e a interações, independentemente do momento. Posicionando-se, começando aos poucos, mas começando.

Caso contrário, as pessoas nos exploram. Isso vale para tudo. Vale para filho, para parceiro, amigo, irmão, mãe, pai, chefe, colega de trabalho, vizinho, para todos.

Eu preciso me lembrar de como é fundamental perceber os meus contornos e começar a traçar as regras da minha vida. Terei algumas perdas? Sim, mas também terei infinitos ganhos, porque quem estiver na minha vida respeitará os meus contornos, entenderá os meus limites e a minha tolerância estará equilibrada.

Senão, terei rompantes absurdos. E, se eu não explodir, vou implodir. O que é implodir? É desenvolver um transtorno de depressão, de humor, uma patologia física, uma dor nas costas, uma alergia, uma doença autoimune, sem nem entender por quê.

Quantas pessoas não desenvolvem doenças físicas ou emocionais porque elas estão sendo estraçalhadas, esgarçadas nos seus limites da aceitação, no seu íntimo?

Então eu pergunto a você: vale tudo isso para pertencer? Pertencer a quem? O pertencimento é fundamental? Sim, mas não vale a sua saúde emocional.

Pertença a você, estando alinhado com seus limites de aceitação e tolerância com seus contornos. Entendendo quem você é, se apropriando de tudo isso.

Você existe! E, uma vez que existe para si mesmo, você pertence a você.

Você pertence a um lugar mais importante na sua vida, o seu lugar, o seu universo íntimo e particular.

Quando eu me percebo, me equilibro, me realinho nos meus contornos, eu me entendo e me percebo. Estou apropriado de mim, eu pertenço a mim e ao mundo, porque eu vejo que existo. Gosto daquilo que eu sou, me honro.

Para fechar com chave de ouro esta leitura, eu proponho que você pense sobre o seu merecimento. Você pode fazer isso na hora que quiser. Agora, inclusive, é um bom momento.

Você já se perguntou o que você merece? Eu me arrisco a dizer: você merece tudo que deseja. Inclusive o que você deseja para essa pessoa que é tão importante para você.

Aquilo que você acredita merecer é o que terá em sua vida. Sabe por quê? Porque eu só recebo, trago para mim, cultivo, deixo ingressar no meu mundo, acessar o meu universo, o que eu entendo que mereço.

Se você disser que quer ser feliz, que quer isso ou aquilo, mas aí dentro não acreditar que merece e contentar-se com pouco, será pouco o que você terá na sua vida.

Se você disser que merece muito, mas isso não vier aí de dentro e você não estiver cuidando do seu território, também não vai adiantar. Então, siga passo a passo o que estamos falando, faça cada exercício sugerido. "Ah, eu ainda não consigo!". Mas está tentando.

Você vai fazer o quê? Vai calibrando o seu merecimento, conforme o reconhecimento que tiver de si mesmo. E, quando você entender que merece tudo que deseja, que é merecedor do melhor, que não tem que dar tudo para o outro sem receber nada, que é fundamental a proporcionalidade, quando você se realinhar intimamente e exercer na vida aquilo que você também tem braços abertos para receber, já estará trabalhando a aceitação, tolerância, limites, pertencimento e merecimento.

Então, com certeza, você conseguirá dizer: eu mereço tudo aquilo que desejo. E também se apropriar daquilo que veio para você. Só falar não vale.

Então, pensando em tudo isso, quero lhe propor agora o exercício a seguir.

Exercício

Pegue uma folha de papel e desenhe um contorno que represente você, no formato que quiser. Entenda que esses contornos são a representação dos limites. Os limites que a partir de agora você estabelece para si.

Escreva dentro dessa imagem algumas palavras que considere significativas sobre o que você aceita e quer que exista dentro de você, na sua vida e nas interações com as pessoas.

Fora desses contornos, escreva também algumas palavras relativas àquilo que você não quer mais, em hipótese alguma, na sua vida.

Faça anotações em seu caderno.

6

Afetos: quem afeta você

Agora que você viu os seus contornos, como foi perceber o seu tamanho? O que você colocou ali dentro?

Pegue a folha em que desenhou seus contornos e observe o que você coloca dentro da sua vida, dentro de si. O que você permite, o que deseja? E fora, o que você não quer mais? Consegue visualizar? É muito interessante esse movimento de visualizar o que queremos na nossa vida e fora dela.

Já que agora você está bem reconhecido de si, quero perguntar sobre os seus afetos. O que afeta você?

Quando falamos em alguma coisa que afeta, as pessoas associam a algo ruim. Claro que uma atitude agressiva nos afeta negativamente. Mas há muita coisa que nos afeta de forma positiva, como movimentos de amor. O afeto está relacionado diretamente com o que nos emociona.

Quem são seus afetos? Quem são as pessoas que lhe fazem bem e com as quais você também se sente bem? Quem é essa pessoa que você diz que ama, que gosta, mas que não está fazendo bem para você?

Observe, pense sobre quem você considera que são os seus afetos e quem de fato está lhe trazendo algo bom.

Não é difícil dizermos que amamos determinada pessoa, mas essa pessoa nem sequer gosta de nós; pelo contrário, nos machuca, nos magoa, nos decepciona. Então o que essa pessoa faz em nossa vida?

Por que você estaria se relacionando com alguém que mais machuca do que qualquer outra coisa? Você consegue perceber o que fizemos até agora? Talvez neste momento você consiga ter uma clareza maior sobre a razão de ter essa interação no seu cotidiano, e de ter escolhido justamente essa pessoa para estar ao seu lado. E não me refiro somente a relacionamentos amorosos.

Há quem, por exemplo, ainda more com a mãe, mas tem uma relação péssima com ela. Ou com o pai. Ou está o tempo inteiro conflitando com a irmã. Há pessoas que têm um amigo, uma amiga, um vizinho bem próximo, e estão ali o tempo inteiro interagindo com alguém que machuca, que critica, que abusa, que é tóxico.

A pergunta seria: onde você está vestindo o seu afeto?

Pense naquilo que você chama de amor. Quantas são as vezes que nós depositamos tudo no outro, dizendo que essa pessoa é "assim, assado", mas ela nos fere, é agressiva ou abusiva.

Mas nós nunca paramos para pensar sobre a razão de escolher estar com essa pessoa. Talvez você diga que está há muito tempo com ela, que é difícil ir embora. Talvez você me diga que tem filhos com essa pessoa, que tem uma casa, que não tem independência financeira. Isso é muito justo e eu consigo compreender. Mas, ao mesmo tempo, não acho justo com você, com a sua felicidade, com o tempo que você tem aqui. Pense que o seu tempo é precioso, você merece muito.

Vejo você aceitando tão pouco, tolerando muito além do que deveria. Aceitando o inaceitável. Achando que é isso que você tem que ter na sua vida. Pare. Preste atenção. Você já parou para pensar nas tantas situações das quais se priva? Em quantas interações poderia estar vivendo que seriam infinitamente melhores? Não só amorosas, mas de amizade também. Situações felizes que você poderia estar vivendo. Os afetos que escolhemos dizem muito sobre nós.

O que será que está por trás de você gostar de quem não gosta de você? De estar com quem o fere, com quem não o respeita, não o percebe nem valoriza? Que o tempo inteiro critica você?

O que está por trás disso? Pare um pouco de olhar para essa pessoa, esqueça quanto ela é inadequada, se ela precisa de ajuda ou se tem um transtorno. Faz sentido, mas neste momento vamos olhar para você. Querendo ou não, se você está com essa pessoa até agora, está escolhendo todo dia esse lugar. Cada vez mais você vai bloqueando os seus desejos, se reprimindo, se despedaçando, se despersonalizando para caber nesse mundo pequeno dela.

Quais são os afetos que você acredita que merece? Onde você entende que deveria investir a sua energia?

Quem está na sua vida porque você disse que tem que estar, e quem está na sua vida porque você quer que esteja? Percebe a diferença?

Estar com alguém porque tem que estar é algo que você colocou aí na sua mente. Não procede. Você não tem obrigação nenhuma de permanecer com quem não lhe faz bem. Mesmo que você ainda não tenha força suficiente para mudar essa situação, aos poucos você tem que começar a se movimentar.

Acontece com você? Você está fixado em uma pessoa do passado que não lhe faz bem? Não sabe por que está obcecado e pensa o tempo inteiro em alguém que não quer estar com você? Que nunca está disponível?

As pessoas pelas quais nos interessamos, que dizemos que amamos, revelam muito sobre o que somos. Esse interesse fala demais dos nossos sentimentos mais guardados. As pessoas que amamos revelam a nossa saúde emocional.

Quando falo para você sobre quem eu gosto e quanto essa pessoa gosta de mim, da viabilidade de estarmos juntos, estou contando para você, indiretamente, sobre o meu amor-próprio, a minha autoestima, o meu merecimento, a minha aceitação, o meu pertencimento, a minha tolerância, todos os meus contornos e os meus limites; estou mostrando para você o que eu entendo que cabe aqui dentro.

Se você é alguém que insiste em desejar uma pessoa indisponível, isso já mostra que você também tem pouco espaço para estar inteiramente com outra pessoa. Porque está investindo em quem já tem outra pessoa – ou que está focada demais no trabalho, ou já disse que não quer, que não está preparada para se relacionar, ou que lhe dá muito pouco, que é econômica afetivamente. Então, isso diz muito sobre você.

Saiba que, quanto mais você conseguir se realinhar, conseguir se curar, talvez dos bloqueios que o impedem de ter alguém inteiramente, você começará a se desinteressar dessa pessoa.

Achamos que só vamos conseguir solucionar uma situação dessas quando a pessoa sumir ou disser "saia daqui" ou, então, quando alguém aparecer e nos fizer mudar de opinião. Mas, na verdade, são os nossos espaços internos que precisam ser reciclados e reconfigurados para que entendamos que há lugares que não servem para nós. Então, tire da sua cabeça que a solução vai partir do outro. A solução da sua vida está em você.

Está gostando de alguém disponível? Reveja o espaço que você tem aí dentro. Quanto mais espaço você tiver, quanto mais preparado estiver, quanto mais você quiser algo inteiro, quanto mais você se autorizar e entrar em contato consigo mesmo, menos insistirá em lugares aos quais não pertence. Isso vale para as pessoas indisponíveis, difíceis, restritivas ou problemáticas.

Todo aquele que somente for capaz de dar muito pouco a você só continuará no seu pensamento enquanto você tiver um estômago emocional atrofiado, que só consegue receber pouco.

A partir do momento que você se perceber, se amar, se entender e se alinhar, você eliminará alguns lugares em que a sua presença passará a ser completamente desnecessária. Você passará a se incomodar por estar recebendo o pouco que o outro pode lhe dar.

Espontaneamente, você passará a desenvolver uma espécie de afastamento dessa pessoa. Pouco a pouco, até o dia que você perceber que não pensou nela. Até um dia em que nem imaginava mais que pudesse estar com ela: "Caramba, como eu pude me interessar por essa pessoa?".

E não foi essa pessoa que mudou – pode até ser que ela tenha mudado, mas, normalmente, isso não acontece. Somos nós que mudamos, saímos do lugar em que não deveríamos estar e vamos para nós mesmos.

O melhor lugar do mundo é o meu lugar, em que eu me percebo, me entendo, em que estou confortável, à vontade, onde eu sempre deveria ter estado.

Os vínculos tóxicos, as relações abusivas, destrutivas, só permanecem quando, em algum lugar, aí dentro da sua cabeça, do seu íntimo, você entende que não consegue viver sem aquilo. Claro que passa por uma série de manipulações, envolvimentos, mas tudo isso só é viabilizado quando nós estamos vulneráveis e distantes, descolados de quem somos.

Uma pessoa bem segura de si, consciente daquilo que é, que deseja, quer, pode; uma pessoa que se aceita, que se ama, que se valoriza, que compreende os seus merecimentos, seus limites de tolerância, que tem seus contornos delineados e se reconhece, essa pessoa escolhe os seus afetos. É isso que você vai conseguir.

Se você não conseguiu ainda, calma! É um processo. A sementinha está germinando em você. Cuidado com a ansiedade, porque ela faz você atropelar tudo. Tenha paciência. Não pense que será fácil ou que acontecerá do dia para a noite.

Eu digo isso porque acredito que, seguindo esses passos e absorvendo essas informações, algo vai começar a se desenvolver dentro de você.

Não será de um dia para o outro, como eu disse, mas calma, as coisas vão acontecendo conforme o tempo das nossas permissões.

Respeitar o seu tempo é uma prova de amor para consigo mesmo. Confiou? Acreditou? Desejou? Se propôs?

Se você abrir o espaço para vir, então você receberá. Não se cobre. Receba! Você está aqui para receber, para se exercitar, ouvir, ponderar e amar. É para isso. Há um ponto muito importante, quando falamos de afeto, que é sobre a saudade *versus* abstinência.

Quando falamos sobre ter afeto, gostar muito de alguém que já se foi, talvez da(o) sua(seu) ex, uma pessoa que nunca pôde estar ao seu lado como você gostaria, alguém que teve que se afastar da sua vida, é muito importante saber diferenciar saudade de abstinência. Saudade a gente tem daquilo que foi bom. Tenho saudade de uma pessoa com quem me relacionei, tivemos momentos gostosos. É bom ter saudade.

Saudade é um recibo daquilo que valeu a pena, que foi gostoso, sendo que você estava inteiro naquele momento, e por isso significou muito, fez sentido. "Ah, mas eu sofro!" Você sofre porque quer trazer para agora o que está lá atrás. Já foi. E, se foi bom o que aconteceu, ensinou, está dentro de você. Já faz parte, integrou-se à sua memória, à sua experiência de vida.

Não seja tão limitado a situações físicas. Entenda que se foi bom, importante, especial, se você lembra com carinho, faz o coração ficar aquecido, dá frio na barriga, entenda isso como algo bom. Não fique brigando com esse sentimento, tentando trazer de volta o que se foi, porque isso só vai fazer você sofrer.

A abstinência, a falta que sentimos, normalmente aparece logo que terminamos um relacionamento, logo depois que tivemos que nos afastar por alguma razão, mas de algo que não era bom.

"Ah, mas houve momentos bons!". Alguns momentos bons não são suficientes, perto de muitas condições que não eram positivas.

Pondere comigo. Tente lembrar. Se havia situações pontuais que eram legais, isso não justifica, não faz sentido que você continuasse nessa interação com alguém que tinha muitas outras condutas que desrespeitavam você.

"Mas a pessoa não era má!". Isso não tem a ver com o fato de a pessoa ser má, desajustada ou ter algum transtorno. A questão é como funcionava a interação. Algumas pessoas não vão funcionar bem com você, mas talvez com uma terceira possa dar certo. Porque cada interação vai despertar o melhor ou o pior em nós. Há interações que despertam o melhor, aprendemos, nos desenvolvemos. E há interações que machucam, em que a gente se perde, fica aos pedaços, não se reconhece. Interações em que não podemos fazer o que queremos, com muito ciúme, manipulação, controle, abuso, agressividade, até mesmo violência física e emocional.

Então, se você sente falta ainda, há dois motivos para isso.

Você se acostumou com o que não lhe fazia bem; mesmo não sendo legal, fazia parte da sua vida, da sua rotina, e isso pode gerar uma sensação de dependência. E, portanto, abstinência quando você se separa.

Apego à idealização que você criou sobre determinada pessoa ou situação. Você pode estar preso à idealização e a planos que fez enquanto estava com essa pessoa. Então, na verdade, você sente falta daquilo que gostaria de ter tido.

Não se esqueça de que tudo que você deseja vem de você. "Ah, mas eu tinha isso com aquela pessoa." Sim, mas essa pessoa não conseguia retribuir, não conseguia manter, contribuir. Prejudicava, não apoiava. Então, esse sonho está em você.

Você vai poder resolver, ter, realizar, sozinho ou com outra pessoa, se você entender que está preparado, que quer e que vai viver esse relacionamento.

Comece a desenvolver isso na sua cabeça.

Tenha claro que nada daquilo que você fez, que você viveu e sentiu é perdido. Tudo isso permanece com você.

Nós temos a mania de achar que quando a pessoa sai da nossa vida, perdemos tudo. Não, a pessoa foi embora. Os momentos bons que foram vividos permanecem com você. Tudo aquilo que você aprendeu, também.

Aquilo que machucou, que não foi legal, que prejudicou, que fez você sofrer, chorar, exclua!

Mantenha na sua cabeça só o aprendizado, sobre aquilo que você entendeu que não serve, que não quer, porque não faz sentido na sua vida.

Então, eu só sinto saudade de algo que foi bom, gostoso. Sentir falta do que fazia mal pode ser compreendido como abstinência. Saber separar e saber observar o que nós queremos manter é fundamental. E suportar a distância para se acostumar com aquilo que faz bem é necessário.

Observar os nossos afetos, o que nos afeta e o que desejamos, os desafios que temos para realinhar os afetos que queremos na nossa vida e eliminar o que não nos faz bem é um passo muito importante.

Então vamos para o exercício, para ver se você entendeu direitinho o que conversamos até aqui.

Exercício

Faça uma lista de quem está na sua vida "porque tem que estar" e quem está na sua vida porque você quer que esteja.
Pense bastante e escreva com o coração, sem tentar manipular o raciocínio.
Faça anotações em seu caderno.

Fatores sabotadores

Talvez seja um desafio fazer uma lista das pessoas que nós queremos que estejam na nossa vida, e uma lista daquelas que não queremos que estejam, mas estão.
Com o tempo, você nota quantas são as situações nas quais vai encontrando negociações internas para manter aquele indivíduo na sua vida. Porque está nela há muito tempo, porque é pai dos seus filhos ou porque é sua amiga de infância, sua vizinha ou um familiar.
Mas nós não paramos para pensar nas concessões que fazemos em relação às pessoas que devem ou não estar na nossa vida.
Observe se você não está mantendo uma amizade tóxica na sua vida. A pessoa está ali, entra na sua casa ou liga, marca presença, e você está sempre vendo sua energia se esvair, sem se respeitar.
Quantas são as situações que mantemos com pessoas porque entendemos que "temos que"? E não notamos o que faz sentido ser ou o que desejamos de fato.
É um lugar muito preocupante esse de nos acostumarmos e irmos aceitando, aturando situações que são completamente descabidas para nós.
Por isso esses exercícios são importantes. Para começarmos a desenvolver uma negociação em relação àquilo que realmente tem que permanecer e o que não tem que estar mais ali, ou que precisa estar ali, por alguma razão, mas que possamos desenvolver mecanismos para nos proteger de alguma

forma. Manter certa distância, se preservar mais, deixar o outro invadir menos ou não invadir, de preferência.

Sempre devemos reconfigurar os acessos. Percebe como isso deixa você muito mais próximo da sua verdade? Percebe que, quanto mais próximo da sua verdade, mais forte você se torna? Mais você se respeita e se ama? Então, por consequência, esses afetos que estão na sua vida são verdadeiramente saudáveis e do jeito que precisam ser.

Agora vamos falar da identificação de fatores sabotadores da nossa vida.

Já ouviu falar de autossabotagem? Comumente essa palavra está associada a algo muito ruim, não é?

Na verdade, nós nos sabotamos quando nos distanciamos daquele que deve ser nosso lugar de conforto, de controle, de segurança. No entanto, há uma variável curiosa que é a sensação de falsa segurança.

Às vezes, quando eu vou me afastando de um lugar em que estou há muito tempo, onde sempre estive, que é muito meu conhecido, que pode ser muito bom para mim ou até melhor do que aquele em que estou, eu posso me sabotar.

Na hora que eu percebo que estou crescendo, em lugares diferentes e com novos desafios, o que eu faço? Puxo o meu tapete, me boicoto. Eu me saboto, porque entendo que estou em risco, então eu volto, retrocedo. E continuo como sempre fui. E aí, onde cabe o avanço na minha vida? Como faço para mudar? Não mudo, fico sempre no velho terreno conhecido.

Sabe aquela situação em que falamos assim: "Nossa, mas eu me prometi isso, falei que eu iria fazer e não fiz, eu iria começar isso e não comecei"? Essa falta de foco é o reflexo de uma autossabotagem, é uma resistência que temos de sair de uma zona conhecida.

Então você fala: "Ah, mas isso não é bom!". Eu sei que não é bom, mas é como eu me conheço. E qual é o fator sabotador forte? O medo!

Medo do novo, medo de acessar um lugar desconhecido, receio de não dar conta. Medo da frustração, de não conseguir, de se decepcionar, pode fazer com que você retroceda e dê muitas justificativas para isso.

E, quando você não faz, você permanece no lugar e o descontentamento cresce. Cai a autoestima e, consequentemente, o amor-próprio.

A autoestima é a mola propulsora do amor-próprio. Ou seja, quanto mais eu me estimo, quanto mais eu gosto de mim, quanto mais eu me respeito, me trato com carinho, melhores são as minhas escolhas.

Sabe aquilo que você faz para alguém que estima muito? Quanto mais você faz isso para si mesmo, mais alimenta sua autoestima e mais cresce o amor-próprio. No entanto, se eu sigo tendo condutas sabotadoras – planejo algo, digo que quero, falo que vou fazer e não cumpro –, a minha autoconfiança e minha autoestima caem, e nesse desequilíbrio do meu eu, do meu ego, eu me saboto, paraliso e retrocedo, o que é muito ruim.

Outro elemento de autossabotagem na nossa vida são as crenças limitantes, pensamentos negativos que temos sobre os outros e sobre nós mesmos e que nos impedem de avançar na vida.

Por exemplo: todo homem trai, isso não é coisa de mulher, eu nunca vou conseguir ter isso ou aquilo, dinheiro não traz felicidade, casamento nunca dura, isso não funciona, isso não é para mim, eu nunca vou compreender. Essas frases que repetimos, verbalizamos, às vezes falamos até de brincadeira com as pessoas, acabam se tornando lei na nossa vida.

Desenvolvemos crenças que nos dão sustentação no nosso exercício como seres humanos, fazendo com que nunca consigamos sair do velho terreno conhecido. Enquanto acreditarmos nessas crenças limitantes, que nos colocam em lugares desconfortáveis, o que acontece? Estaremos sempre andando para trás, cavando buracos no mesmo lugar e, portanto, nos afundando.

Existem traumas, situações que podemos ter vivenciado na infância ou na adolescência, que marcaram e ditaram para nós muito do que seria a vida.

O trauma é aquela mancha na nossa história que nos leva a fazer uma associação negativa diante de qualquer coisa, situação ou pessoa que remeta àquele trauma.

Por exemplo, uma pessoa pode ter tido um trauma sexual, que vai repercutir nos seus relacionamentos, pode ter tido um trauma na escola, que vai repercutir no trabalho, trauma de socialização, que vai levá-la a se isolar.

Trauma em relação ao físico, algo relativo ao corpo, isso também pode levar a pessoa a ter uma autopercepção distorcida. Perceba como isso é limitante.

Ter consciência do trauma é muito importante, porque aí você começa a distinguir o que é relativo ao trauma e o que está acontecendo hoje. Não misturar tudo no mesmo balaio. Se eu olhar a situação que está acontecendo hoje, que pode ser promissora para mim, com o olhar de ontem, nunca conseguirei me apropriar, mergulhar numa nova oportunidade.

Vamos pensar que você teve um trauma na sua relação passada. Alguém fez alguma coisa que magoou você profundamente, provocou você da pior forma possível, foi uma experiência muito negativa. Se esse trauma está enraizado no seu mecanismo, cada vez que você olha alguém e pensa numa interação, esse trauma floresce – possivelmente, você está olhando essa pessoa, essa possibilidade, com um olhar contaminado.

Veja como essa experiência de uma relação passada pode estar atrapalhando a relação de agora e aquilo que você tem todo o direito de viver acaba sendo impossibilitado. Esse trauma grita, sangra.

Por isso, é importante distinguir para começar a acertar as contas com o que passou, em vez de ficar jogando essas contas nas costas de quem não tem nada a ver com isso. Agindo assim, ficamos prejudicados, dizendo que não podemos, que não merecemos, contando histórias para nós mesmos.

Quais são as histórias que você se conta? Que hábitos você cultiva há muito tempo e que podem estar prejudicando você?

Podem ser muitos. Por exemplo, falar palavrões, desrespeitar o outro, desconfiar sempre, mexer nas coisas do outro, invadir a privacidade alheia, acreditar que sempre precisa terminar o relacionamento antes que o outro termine.

Qual é o seu hábito? Observe.

Não escutar o outro. Querer sempre ganhar a discussão. Ser controlador demais, querer dominar, achar que a pessoa com a qual você se relaciona não tem o direito de ter individualidade, de cultivar as amizades dela. Então você invade.

Ou o hábito de ser permissivo. Deixar o outro exercer o poder e colocar as regras na vida de vocês.

Podemos ter nos acostumado a muitas coisas que não são positivas na nossa vida. E notar isso é a oportunidade de reconfigurar.

Eu tinha o hábito de sempre achar que tinha, na minha cabeça, as regras de tudo que é justo. Eu dizia: "Isto não é certo, isto não é justo", como se eu fosse a rainha do que é certo ou errado, e isso não é verdade.

Cada um tem uma vida, um legado, uma história, aquilo que entende como certo ou errado. E quando resolvemos nos relacionar é muito importante que escutemos o que o outro entende como certo ou errado.

Tantas vezes eu quis ganhar discussões. Eu achava que estava certa e que a outra pessoa tinha que entender. Nem sempre o outro vai entender. Essa luta se tornava infindável, me machucava e me prejudicava muito.

Tente observar se você tem o hábito de dizer que vai fazer algo e não faz. Se você fala no calor do momento e depois não cumpre. Esse costume pode acabar sendo prejudicial. Porque se nós percebermos quais são os fatores desencadeadores da nossa autossabotagem, vamos entender também por que não estamos conseguindo evoluir naquilo que tanto desejamos.

Quais são os movimentos que você faz em função das lealdades invisíveis?

Se quiser pesquisar, eu indico o livro *Invisible Loyalties*, do psiquiatra húngaro Ivan Boszormenyi-Nagy (não publicado no Brasil), que pode ajudar você a incrementar o estudo sobre o tema.

Lealdades invisíveis são crenças consolidadas e internalizadas, perpetuando padrões de comportamento herdados de pessoas próximas e que nem sempre nos fazem bem.

"Mas todo mundo da minha família é controlador!" E por que você tem que ser controlador, se isso não está sendo bom para você?

"Todo mundo era agressivo." "Meu pai traía, meu avô traía, eu traio também." Por que, se esse comportamento não vai fazer bem para você?

Podemos nos despir daquilo que era de nossos pais ou de alguém da família, um padrão que estamos repetindo e não está sendo bom.

"Na minha família todo mundo se separa, não adianta, já estou acostumado." Será? Você quer viver a separação? Talvez você não queira.

Observar o que está sendo reproduzido por causa da lealdade invisível também é maravilhoso para pararmos de nos sabotar.

Já parou para pensar se, de repente, você está com alguém legal, ou várias pessoas interessantes já passaram por sua vida, e foi cavada uma razão para terminar, pelo medo de que aquilo desse certo, ou por uma lealdade invisível que você carregou no sentido de que "ninguém na sua família dá certo em relacionamentos".

Às vezes isso acontece financeiramente também.

"Todo mundo da família tem uma relação complicada com dinheiro e, em algum momento da vida, perde dinheiro." E, assim, você não é autorizado a ter estabilidade econômica.

Não é porque todos estão endividados em sua família que você tem que estar também. Você pode mudar isso.

É preciso identificar os fatores sabotadores, perceber a lealdade e negociar com isso.

A nossa consciência sobre o que acontece em nossa vida pode dar início a muitas novas condutas, levando-nos a reter o que é bom e abdicar do que não presta. Parar de ficar dando tiro no pé. Observar o que queremos e como precisamos nos mobilizar para que isso aconteça.

Pense sobre todos esses fatores sabotadores e outros que você possa ter e estar repetindo. Analise o seu passado.

Dê uma olhada nas relações que você já teve, amorosas ou de amizade, veja o que acontecia. Observe também aquilo que você queria sob o ponto de vista profissional. O que impediu? Além daquela história que você sempre se contou. Olhe além.

Talvez você chegue a um lugar incomum. E esse lugar pode dizer qual é o elemento desencadeador da autossabotagem, para que você pare de se boicotar.

Você vai ter que se esforçar um pouco no início, mas aos poucos isso vai se tornando natural, e esse hábito, que até então paralisava e prejudicava você, a partir de agora poderá ser remodelado para algo melhor. Eliminando o que bloqueia e atrapalha e que toda vez o devolve para o buraco, impulsionando você para o crescimento que quer e merece.

Vamos absorver no íntimo tudo que olhamos, entendemos e trabalhamos para fazer florescer na sua vida.

Exercício

Escreva, em pedaços de papel, atitudes e comportamentos que você consiga identificar como sabotadores do seu funcionamento.
Depois disso, amasse ou pique os papéis e jogue-os para longe de você.
Mentalize que você já consegue se conscientizar de quais são essas atitudes.
Então já terá feito o primeiro movimento para se libertar delas.

Sentido de vida

Agora quero falar sobre o sentido de vida.

Qual é o seu? O que o estimula, o que o impulsiona a buscar? O que você busca?

Sentido de vida é tudo aquilo que vai convencer você de que vale a pena abrir os olhos de manhã. Sentido de vida é aquele propósito que vai desencadear desejos. Uma força que energiza você.

Mas o que pode ser um sentido de vida?

Pode ser a sua profissão, o seu *hobby*. Pode ser uma descoberta que você fez de alguma coisa que faz bem, que lhe dá vontade de continuar ali, buscar mais.

Sentido de vida é tudo aquilo que desperta aí dentro, que você consegue exteriorizar e sente que vai ao encontro do universo. Aquilo que eu quero, que eu faço, que eu tenho para dar e o universo recebe. O mundo diz: sim, é isso. Então, venha.

Assim, você consegue ter uma espécie de conciliação com aquilo que tem para dar, para investir naquilo que o mundo concorda com você e corresponde.

Pense um pouco. Está faltando sentido de vida aí?

Quantas vezes não vivemos no piloto automático, só no "ter que". Tenho que acordar em tal horário, tenho que tomar remédio, pagar os boletos, levar as crianças a tal lugar, tenho que cumprir essa meta, trabalhar. E esses "tenho que" fazem com que você se distancie do que quer.

O que faz o seu coração vibrar? Não está sabendo responder, está difícil ter repertório para isso? Vou ajudar!

Tente pensar no seu passado, no que você mais gostava de fazer. Mesmo que sejam atividades infantis, não tem problema. Pense. Sabe por quê? Porque se essa atividade infantil ou da adolescência de que você se lembrou agora lhe fazia muito bem, tenha certeza de que há algo no universo adulto que se assemelha a ela.

Quando eu era pequena, adorava salvar os animais, não importava quais fossem. Uma pombinha machucada, um gatinho que tinha sido abandonado, um cachorrinho no meio da rua. Não importava o que fosse, eu, pequenininha, ia lá, me sentia maior do que eles e entendia que poderia protegê-los, então eu os resgatava, cuidava deles e até fazia um veloriozinho quando um bichinho desses morria.

E veja onde estou agora. Estou aqui hoje ajudando pessoas, porque eu cresci e entendi que, mais do que os animais, eu poderia ajudar pessoas.

Aquilo me impulsionava, e eu pensava naquilo, me envolvia naquele movimento. Hoje, estou aqui tentando ajudar você a se ajudar.

Eu fiz algumas mudanças? Com certeza, muitas. Mas não mudei a essência da minha verdade, aquilo que mobilizava o meu coração.

Sobre o que você sonhava quando era pequeno? O que você queria fazer? Pense, tente se lembrar. É muito interessante tentar resgatar um pouco nossos desejos, aquilo lá de trás. Aquilo que nós tínhamos certeza de que iríamos fazer para o resto da vida.

Você deve estar pensando: mas muita coisa muda, acontece!

Concordo plenamente com você. Que bom que muitas coisas mudam, porque a gente muda também. Mas, se por acaso nós fomos abandonando a verdade, a nossa essência, nós temos que voltar lá e buscar.

"Mas como eu volto ao passado?". No seu pensamento, quando você se lembra daquilo que sempre fez sentido para você; isso é uma forma de resgate.

Algumas coisas a gente vai deixando de ser, de fazer, de sonhar, de exercer, porque os espaços que nós ocupamos nos reprimem. Então, a gente vai se conformando e se convencendo de que não dá, que não pode ser. E vai se despedaçando, tirando partes nossas que outorgam a nossa verdade. Aquilo que faz parte de traços fundamentais de nossa personalidade e do nosso caráter. Vamos nos rendendo à correria do dia a dia, e aquilo que impulsionava a alma, que coloria o nosso mundo, fazia o coração vibrar, some do mapa.

Já parou para pensar que muitas doenças psíquicas e físicas também podem ser desencadeadas por essa frustração ao deixarmos de lado a nossa verdade? Nós podemos, inclusive, estar deixando de fazer algumas coisas, alguns movimentos, abandonando alguns hábitos bons. Como, por exemplo, ouvir as músicas de que gostamos.

"Ah, mas não dá tempo." Vamos encontrar tempo, vamos priorizar. É muito importante escutar as músicas de que gostamos, de fazer o que faz sentido para nós. Você gostava de tocar um instrumento? Não está tocando mais? Você gostava de cantar? Não canta mais? Dançava e parou de dançar?

Você gostava de desenhar? Está sem tempo, nem sabe se ainda sabe pintar ou desenhar? O que você costumava fazer e deixou de lado?

Eu, por exemplo, há algum tempo me dei conta de que parei de escrever cartas, porque não dá tempo, demora muito. E eu sempre amei escrever cartas. Quando eu escrevia, conseguia externar as minhas emoções, e isso me fazia muito bem. Eu escrevia muito, mantinha um diário, inclusive.

É verdade que a minha vida tinha menos correria do que hoje, menos atividades, mas tudo se baseia em estabelecer prioridades.

Quando deixamos de fazer o que gostávamos e que nos fazia bem, vamos nos afastando de nós. E aí enfraquecemos, nos tornamos mais vulneráveis e vamos nos convencer de que devemos fazer algo que, na realidade, não precisamos fazer.

Será que não vivemos sem aquelas prioridades que nós colocamos como fundamentais e necessárias? Será que não deixamos de lado atividades, hábitos, atitudes, comportamentos ou situações que considerávamos como uma extensão de nós?

Quanta coisa podemos estar deixando de fazer que eram combustíveis do nosso eu. Que davam aquela sensação boa, que contribuíam para nos sentirmos mais felizes.

Sabe quando ficamos mais felizes? Quando estamos onde desejamos estar. Quando estamos fazendo o que desejamos fazer e quando estamos sendo o que somos de verdade.

Tem situação que não dá para ser, tem situação que é difícil? Tem. Precisamos nos adequar. Como em relação a regras do trabalho, por exemplo.

Não considere supérfluo fazer as coisas que você fazia. Elas são necessárias. Levam você a se conectar com seu eu. Inclusive quimicamente. Isso faz você produzir o hormônio da felicidade, ter mais ainda a sensação de satisfação.

O que será que precisamos resgatar? O que será que precisamos lembrar? O que será que precisamos atualizar na nossa vida?

Devemos tomar muito cuidado para não sermos consumidos pelo ritmo caótico da vida.

Não temos que fazer o tempo inteiro o que o outro acha que devemos fazer. É importante, obviamente, que nos relacionemos, que consideremos o mundo do outro, o universo de intersecção, mas nunca abandonar o que é nosso, o que faz parte da nossa individualidade.

O que pode não significar nada para o outro ou ser uma besteira na opinião de quem está de fora, para nós é importante e faz total sentido.

O que você deixou de fazer? O que você com frequência relembra, aquilo em que pensa o tempo inteiro ou até se esqueceu de pensar, mas faz parte do seu eu, e agora, com essa leitura, você pensou:

"Caramba, é isso que eu tenho que fazer". Eu lhe digo: faça. "Ah, mas eu nem sei mais."

Sabe, sim. É como andar de bicicleta, a gente nunca esquece. Aliás, tem andado de bicicleta? Pense sobre tudo isso e nunca esqueça o seu sentido de vida, aquilo que o apruma, que lhe traz o eixo e fortalece o seu íntimo.

Busque o seu propósito, aquilo que faz o seu coração vibrar. Esqueça um pouco o que as pessoas pensam a respeito.

Lembre-se do que você sente, do que pensa e do que você se nutre emocionalmente.

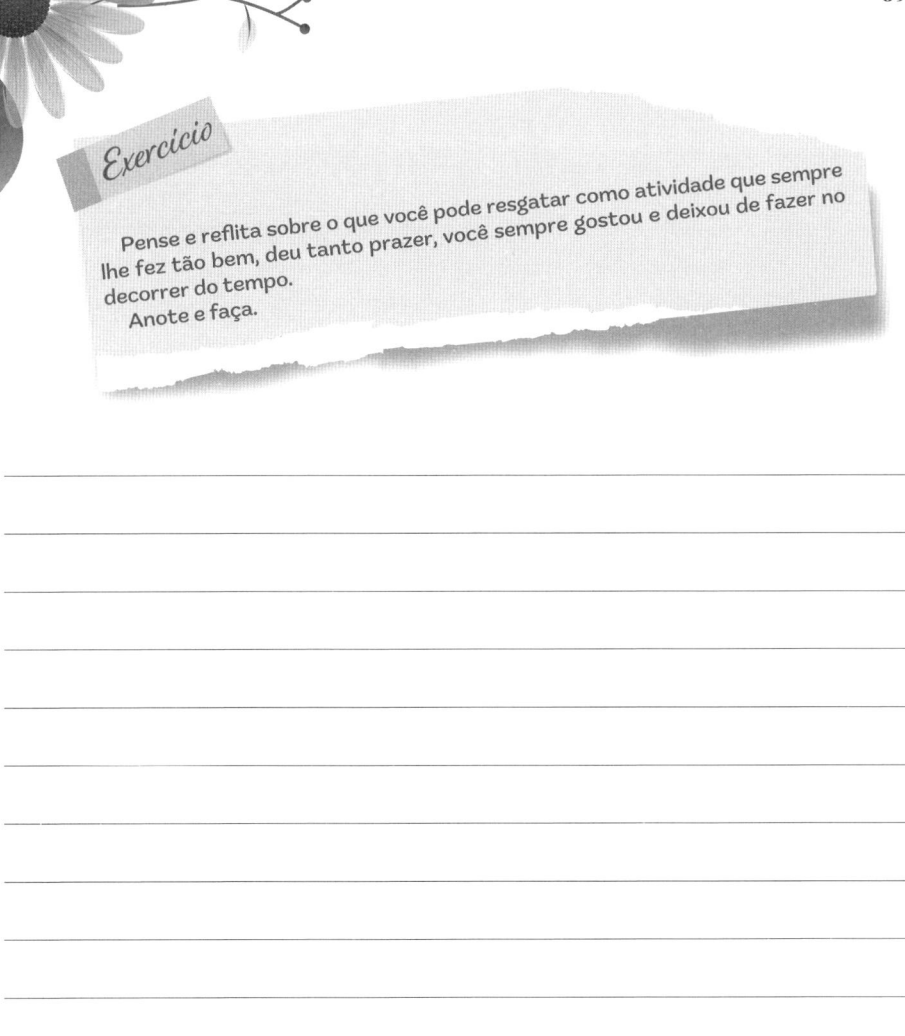

Exercício

Pense e reflita sobre o que você pode resgatar como atividade que sempre lhe fez tão bem, deu tanto prazer, você sempre gostou e deixou de fazer no decorrer do tempo.
Anote e faça.

Autoconfiança

O exercício de pensar sobre o que você fazia e que tinha muito sentido na sua vida deve ter sido curioso e interessante.

Como nós eliminamos coisas da nossa rotina, não? Vamos deixando de fazer, vamos deixando de ser. Não só abandonamos *hobbies* que sempre nos mobilizavam e nos tocavam tanto, como também vamos deixando de ser muito do que sempre fomos.

Felizes, alegres, com aquele jeito de cantar, ou então cozinhar, parece que vamos perdendo a vontade, a capacidade de ter novos costumes, de exercitar aquilo que sempre nos conferiu identidade.

Ao fazer o exercício anterior, talvez você tenha pensado que o fato de haver abandonado esses comportamentos pode ser devido à falta de autoconfiança.

Vamos nos sentindo mais frágeis, deixando de acreditar em nós mesmos, entendendo que é melhor nos render aos esquemas da vida. Talvez porque estejamos em relacionamentos em que vamos nos perdendo de nós.

Você se identifica com alguma dessas situações? Ou será que essa autoconfiança nunca existiu de fato?

Autoconfiança, como o nome diz, é a capacidade de eu acreditar em mim. Quando pensamos na relação da autoconfiança com amor, com a capacidade de amar ou ser amado, de aceitar e exercer esse amor de forma saudável e equilibrada, nós vamos encontrar uma correlação gigantesca.

Como posso amar e ter um relacionamento saudável se eu não confiar em mim mesmo? Como confiarei em alguém se eu não tiver confiança dentro de mim? Como vou transmitir confiança se eu não confiar naquele que está comigo do primeiro suspiro até o último – eu mesmo?

Você confia em si? Não sabe como confiar em si mesmo?

Talvez desconfie muito das pessoas e, principalmente, desconfie de si. Tem uma dificuldade de acreditar que seja capaz. Está sempre duvidando se consegue ou não fazer algo, tem uma percepção bastante disfuncional de si mesmo.

Autoconfiança é um dos alicerces principais para eu conseguir alcançar o amor que tanto almejo, inclusive para ele deixar de ser um amor à parte. Algo que os outros sentem e vivem e eu não. Para mim não funciona, não dá. É só ali no romance, na televisão, na novela, para a amiga, para a irmã, o irmão.

Sempre podemos desenvolver confiança em nós mesmos. Nem todo mundo teve um pai ou uma mãe ou ambos que validaram, reforçaram, estiveram perto, que puderam nutrir de amor, de segurança, para que então esse afeto fosse internalizado e o indivíduo se sentisse capaz, potente, visto, bem recebido e desejado. E, claro, apoiado.

Talvez o seu caso seja esse, talvez você tenha sido bastante criticado. Talvez seus pais tenham sido muito rígidos ou até superprotetores. A superproteção também é uma forma de nos levar a ser frágeis demais, pela ausência de parâmetros em relação àquilo que nos cabe, àquilo que realmente funciona.

Uma coisa é ser superprotegido em casa, na família, outra coisa é estar na vida, não ter muita noção do que funciona e do que não funciona e levar uma ducha de água fria atrás da outra.

Mas agora não é hora de culpar pai, mãe ou cuidador. Agora é hora de fazer alguma coisa por nós mesmos.

A autoconfiança começa a ser desenvolvida conforme nós entendemos e acreditamos que podemos confiar em nós mesmos. Ela não vai nascer do nada. Você não vai simplesmente ler minhas palavras, piscar e amanhã acordar autoconfiante. Não! Mas você vai entender os passos para adquirir essa autoconfiança.

Com certeza, se começar a prestar atenção a algumas dicas, pode ser que você crie novos hábitos para a sua vida e entenda que confiar em si é uma aliança que pode estabelecer, conforme for entendendo que cumpre com aquilo que se propôs.

Se eu falo que vou começar uma dieta na segunda e, quando chega segunda, eu enfio o pé na jaca, estou dizendo que não posso confiar em mim. Estou dizendo que não honro a palavra comigo.

Eu digo que não vou mais mandar mensagens para alguém que me faz mal, que não vou mais sair com essa pessoa, porque ela não me acrescenta, muito pelo contrário, ela me machuca. Diz que me ama, mas o jeito dela de amar não permite que eu me sinta amada. Se eu desconsidero tudo isso que prometi a mim mesma e, pronto, de novo mando mensagens e saio com essa pessoa, o que estou fazendo? Estou afirmando que aquilo que eu digo sobre mim não é o suficiente para que eu me assegure.

Quando eu prometo que vou acordar às 8 horas da manhã e acordo, eu não me traio. Eu falo e faço. Então eu posso confiar. Quando eu digo que vou começar a fazer exercícios, digo que vou deixar de comer algo que me faz mal, quando eu começo a estabelecer regras para mim, sobre mim, quando eu faço acordos comigo e cumpro, eu alimento a minha autoconfiança.

Pense na pessoa em quem você mais confia em sua vida. Por que você confia nela? Porque, provavelmente, quando você a procura, você a encontra. Quando pede algo, sabe que ela considera, leva você a sério e faz movimentos para que se sinta preservado e seguro.

A mesma coisa precisamos fazer conosco. Se você sofre de descontrole, tem uma impulsividade, não consegue se segurar – não estou falando de casos patológicos, porque estes precisam de acompanhamento médico –, é importante que procure um profissional especializado, porque talvez a inserção de medicamentos e terapias adequados para o seu caso seja necessária. Estou falando daquele imediatismo, daquele comportamento ansioso, justamente em razão de um descontrole por causa do desconhecimento de si, desse abismo que existe entre aquilo que você fala que quer, que precisa, mas, às vezes, as atitudes acabam sendo contraditórias.

Pense em algo que seja importante para você, que dependa exclusivamente de você. Posso dar o exemplo do exercício. Você já entendeu que precisa ter saúde, que é importante para o seu equilíbrio, sabe da importância da atividade física, mas não consegue colocar em prática. Sempre acontece alguma coisa, você acaba não fazendo o que é preciso.

Você pode fazer um pequeno plano sobre isso. Por exemplo, não pense em algo que vai exigir demais, pense em alguma coisa que seja possível dentro do contexto que você está vivendo. Não adianta dizer "eu vou à academia todo dia". Sim, seria maravilhoso, mas vamos esperar você ter força para começar a praticar diariamente.

Se você não está se exercitando todo dia, que tal começar com dois dias na semana? Estabeleça dias e horários, na segunda e na quarta, por exemplo, faça um acordo com você. Escreva.

Quando você faz esse planejamento, se condiciona a executá-lo. Você planejou, focou e se comprometeu. Cada dia que acorda no horário combinado, você faz o exercício e, além do seu corpo tornar-se mais equilibrado e saudável, porque você está se exercitando e cumprindo a meta, você tem a sensação muito boa de que está cumprindo o seu combinado. Então, você vai entendendo que dá para confiar no que se propõe.

Ponto para a autoconfiança.

Dali a um tempo, conforme vai cumprindo seus acordos, você não só estará alimentando sua autoconfiança, como também a sua autoestima.

Se você tem uma conduta firme, de cumprir com o seu combinado, você alimenta sua autoconfiança e fica mais seguro.

"Ah, eu sou zero por cento autoconfiante."

Bom, nesse momento, você já não é mais assim.

Então você pensa: sim, já dá para confiar em mim, eu me propus a fazer algo e estou fazendo. Isso tem a ver com comprometimento e responsabilidade. Você alimenta também a sua autoestima. Porque, quando eu faço o movimento para o meu bem, faço uma boa escolha para mim, estou me estimando, me tratando com carinho, estou me amando.

Então, autoconfiança mais equilibrada, autoestima sendo alimentada, há um saldo positivo para o amor-próprio. Ficamos com nosso amor--próprio mais elevado.

Então você diz para si mesmo: estou mais integrado e de bem comigo, me achando bacana. Então, quanto mais movimentos eu faço, de acordo com o que me planejo, com o que eu quero, que eu sei que é importante, mais autoconfiante me torno.

Não pense em nada grande, mas pense em cumprir pequenos movimentos. Você passa a ter mais segurança nas suas ações e a acreditar que é capaz. Pense agora sobre as maiores dificuldades da sua vida. Todos nós passamos por dificuldades, uns mais, outros menos. Pense um pouco nesse momento difícil e talvez até doído de pensar, mesmo você se sentindo pouco autoconfiante. Você chegou até aqui.

Pense nas situações difíceis pelas quais você já passou, não nas que possa estar passando neste momento. Porque agora você pode estar falando: "Está tudo um horror, estou triste, está tudo péssimo". Mas, por um momento, deixe isso de lado. Pense no que você já passou. Nos momentos complicados, o que foi determinante para você conseguir superar? Você teve que exercitar, querendo ou não, paciência, lidar com sua angústia e com sua ansiedade.

Teve que manejar a sua tristeza, negociar com a sua raiva, com a sua sensação de inconformismo, injustiça. Teve que fazer um grande esforço para se alimentar, para conseguir dormir, para conseguir tocar a vida de alguma maneira, senão você não estaria aqui.

Veja como você conseguiu. Aos trancos e barrancos, mas conseguiu.

Um dos movimentos que nos ajudam a perceber a nossa força é quando nós relembramos momentos em que precisamos ser fortes de qualquer forma. É impressionante como nos momentos mais difíceis da nossa vida encontramos forças inimagináveis, parece até algo sobrenatural.

Uma situação que a gente nem imaginava que teria que enfrentar, e sabe-se lá de onde a gente arranca força.

Mas você arrancou, não é mesmo? Você deu conta. Percebe como você tem uma força que talvez não saiba que tenha? Olhe para tudo que você já passou nesta vida. Preste atenção a cada momento que você teve que elaborar, carregar. Achar uma saída. Independentemente de querer ou não. Situações, inclusive, em que você também amparou os outros. Amparou pessoas que estavam sofrendo dores absurdas e que encontraram em você uma fortaleza suficiente para ajudá-las.

Mentalize tudo isso. Todos os momentos de dor que você já passou, todas as pessoas que passaram por situações delicadas, difíceis e que, de alguma forma, entenderam que você as ajudou. Leve tudo isso para dentro de você. Ponha dentro do seu peito.

Conte para você, em pensamento, quantas vezes já passou por situações limite, complicadíssimas, e você deu conta. Lembre-se de que você imaginou que não conseguiria. Você quis desistir. Brigou com o invisível, suplicou e passou.

Relembrar tudo isso nos torna mais autoconfiantes – porque, mesmo que você pense "estou me sentindo frágil e vulnerável, vivo uma situação agora em que estou achando que não tenho recurso", olhe lá atrás e veja o que você já passou.

Acha mesmo que você não vai conseguir passar por isso, que não é capaz de se apropriar dessa autoconfiança que fica vagando dentro de você? Sim, você já tem essa autoconfiança, só precisa saber que ela existe.

Pegue tudo isso, todas essas memórias de que estamos tratando, leve-as para perto e reflita. "Caramba, eu dei conta, achei que não conseguiria resolver, mas consegui!" Pense. Não foi a vida que fez por você. Foi você que fez pela sua vida.

O universo pode até facilitar, de várias maneiras; se você tiver suas crenças, sua fé, tudo isso ajuda, mas você faz uma parte gigantesca. Se você não fizer o que lhe cabe, não sai do lugar. E você saiu.

Se você está lendo este livro, é porque cumpriu a sua parte.

Pense sobre algo que seja importante para você. Organize-se. Faça um pequeno planejamento e se comprometa a cumprir as etapas necessárias.

A cada conquista que você tiver, vibre! Ninguém neste mundo quer ser mais feliz do que você na sua própria vida. Ninguém fica mais feliz com suas conquistas do que você. Você sabe do choro, da angústia, das noites maldormidas, do desespero, dos berros internos e externos, quanto suou a camisa, dos suspiros, do frio na barriga.

Por isso, vibre! Ponha isso em sua vida. Estabeleça esse hábito.

Aproxime-se do espelho e fale: "Uau, eu consegui!". Quando estiver no carro, no ônibus, em qualquer lugar, diga para você: "Consegui!"

Vibre!

"Mas é algo tão pequeno! Tem gente que consegue muito mais." Não importa, é a sua conquista. São justamente essas pequenas conquistas, quando celebradas, que vão fazer com que você reconheça as grandes. Isso alimenta sua confiança, sua autoestima e seu amor-próprio.

Pare de se comparar com os outros, que você deveria ser como fulano ou como beltrano. Você é como você é.

Você pode se importar com os outros, torcer, gostar, ter carinho. Mas escute: e o seu time, como fica? Fique no seu time. Vista a sua camisa. Não se compare com ninguém, porque cada um tem uma luta, uma jornada silenciosa acontecendo dentro de si, em seu universo interno. Você tem a sua.

Quanto mais você se compara, mais se atrasa. Não tente ser perfeito ou ser como o outro. Até porque você nunca será como o outro, assim como ele nunca será como você.

Inspire-se em pessoas, mas não queira ser como elas. Encontre o melhor de você. E isso vai acontecer, quando estiver centrado em você.

Quando eu fico o tempo inteiro me punindo e me criticando, o que acontece? Eu me enfraqueço cada vez mais e me distancio das minhas possibilidades.

Em tudo aquilo que você fizer, esteja inteiro. Está lendo este livro? Esteja inteiro, absorvendo as informações.

Chore quando quiser chorar.

Grite quando tiver que gritar.

O que importa é que você esteja inteiro.

Um dos maiores segredos da vida é estarmos inteiros na possibilidade que temos, na oportunidade que vivemos. O passado já foi, o futuro não sabemos, o agora é o que temos.

E quanto mais eu abraço o meu hoje, quanto mais me alimento dele, mais nutrido me torno. Saiba que cada situação que você estiver vivenciando vai reverberar aí dentro.

A partir de agora, seja no café da manhã, em um passeio, um curso, uma música que você escutar, esteja inteiro. Em tudo que você se propuser a fazer, que você disser que é importante para você, dê o seu melhor.

Tente! Se atreva!

"Ah, mas isso é perigoso, é arriscado."

Sim, a vida tem riscos. Não estou falando sobre o risco de você pular de asa-delta, sobre os riscos mundanos da vida. Falo sobre o risco de se declarar a alguém, fazer uma entrevista de emprego, tentar uma nova prática esportiva, implantar um projeto na sua vida. Decidir sobre um namoro, um casamento, a maternidade, esses riscos da vida.

"Sim, mas eu posso me frustrar!"

Você pode se frustrar, mas pode se dar bem também, né? A frustração está sempre perto da possibilidade de nos darmos bem.

É importante estar consciente de que você não vai ser bem-sucedido em tudo e que está tudo bem. Porque, mesmo quando você não se der bem, poderá tirar um aprendizado disso. Nós sempre estamos aprendendo, evoluindo, sempre podemos ser melhores do que ontem.

Se não ficar só na lamúria, na dor, no flagelo, no ressentimento, você se tornará um indivíduo mais aprimorado, independentemente do que tenha vivido.

"Mas foi horroroso!"

Mas você aprendeu a identificar o que não quer mais. Aprendeu como fazer melhor. Aprendeu sobre o que não funciona. E absorver tudo isso é confiar mais em si.

A partir de agora, quero que você absorva o que você leu – se você absorveu, já está mais autoconfiante. Porque já está entendendo mais sobre tudo que tem dentro de você, sobre o seu recheio.

Agora preste atenção ao próximo exercício e vamos aplicar essa autoconfiança para que ela fertilize o seu íntimo.

Exercício

Pense sobre algo que seja importante para você. Um objetivo, algo que você queira começar ou fazer diferente, incluir na sua rotina de vida. Algo que você queira resgatar, melhorar.

Então, durante uma semana, você deverá trabalhar para cumprir esse objetivo.

A cada dia que você perceber que foi bem-sucedido, vibre pelo feito.

Esses movimentos farão com que você internalize a força que empenhou para cumprir o que se propôs.

Faça anotações.

Desenvolvendo a autonomia

Então, você conseguiu cumprir aquilo que planejou? Se não conseguiu, continue tentando. Algumas vezes, num primeiro momento, pode surgir algum obstáculo, mas jamais desista de exercitar sua autoconfiança. Como eu disse, é um processo, não acontece da noite para o dia.

Quando você cumpre o seu compromisso consigo mesmo, sua autoconfiança aumenta e você se sente mais forte, estimulado a fazer além daquilo que se propôs.

O que eu digo que vou fazer, faço por mim. Então, você pode contar com a pessoa mais importante da sua vida, que é você mesmo.

Não há como chegar à autoconfiança sem pensar em autonomia. Entender que tenho o domínio sobre mim. Ter as rédeas da minha própria vida, ser dono do meu próprio nariz.

Você tem autonomia ou é aquela pessoa que sempre diz que precisa de alguém para ser feliz? Você acredita que depende de uma pessoa ou de alguém que vai aparecer em sua vida? Então, enquanto essa parte não surge, parece que nada pode acontecer. Sua vida vira uma sucessão de mesmices.

Você não acha que está na hora de aprender a conviver bem consigo mesmo e a gostar da própria companhia?

Digo isso porque jamais estaria falando com você sobre algo que eu já não tivesse vivenciado. Ou pelo menos se não estivesse no caminho, porque estamos todos na luta, cada um no seu barquinho, todos num barco gigante que é a vida, tentando navegar.

Durante muito tempo eu tive uma dificuldade gigantesca em me ver sozinha, fazia tudo para não me ver só. Primeiro, emendava um relacionamento em outro.

Segundo, eu sempre estava necessitada de uma amiga. Eu sempre tive amigos, uma vida social saudável, mas, ao mesmo tempo, parecia que eu precisava de alguém que fosse aquela amiga simbiótica, a referência.

Não só aquela amiga que tinha que ir comigo ao banheiro quando saíamos. Eu não ia ao banheiro sozinha, como também não podia ficar em casa sozinha. Desde a época em que eu morava com meus pais, quando tinha em torno de 14 anos, a ideia de ficar sozinha me desesperava, tinha que estar sempre com alguém. Era como se eu não pudesse suportar a possibilidade de estar comigo.

Dizer que a gente não precisa de ninguém no sentido da vida é uma utopia. Nós precisamos de alguém que nos ajude. Socializar é necessário. Porém, estar consigo mesmo em momentos de intimidade é fundamental.

Se eu não conseguir viver bem só comigo, na minha solidão íntima, encarando meus pensamentos, medos e sombras, se eu não fizer esse movimento, como vou conseguir me relacionar com outra pessoa?

Você consegue imaginar que vai se relacionar com alguém enquanto tiver medo de se ver sozinho? "Ah, não importa, mas pelo menos eu tenho alguém", você pode pensar. Muitas são as pessoas que estão com alguém, dizendo que estão acompanhadas, com medo de se verem sós, mas que, na verdade, nunca estiveram tão solitárias.

Estar com alguém sem cumplicidade nem companheirismo é ter só um corpo que está perto. Talvez cumprindo algumas regras sociais ou não.

Pessoas que nutrem relações assim estão sozinhas, talvez sem perceber, sem conseguir se conectar consigo mesmas e sustentando relações de dependência.

Toda relação de dependência inclui a codependência. Eu preciso do outro e esse outro entende que precisa de alguém que precise dele. Assim seguimos a vida, muitas vezes manipulados, dominados, sem perceber do que gostamos, o que queremos, do que precisamos. Sempre vivendo o mundo do outro, entendendo que aquilo que nós precisamos fazer, o que é importante para nós, tem que passar pelo outro, para que ele valide ou faça por nós.

O dependente é sempre aquele que está pedindo ou se apoiando, se ancorando em outra pessoa, porque não entende que pode dar conta.

Por isso a autoconfiança é importante.

Existe uma distância grande entre escolher estar com alguém e precisar estar com uma pessoa. Eu acho que não há nada mais lindo do que quando escolho estar com alguém – acredito que isso seja amor.

O amor tem várias faces. Eu estou com você, escolho você para ser meu amigo, porque gosto de estar ao seu lado, porque me faz bem. Eu vejo que tenho algo a agregar na sua vida e que você também tem a acrescentar na minha. É muito boa essa troca.

Eu escolho a sua amizade e você escolhe a minha. Assim, estabelecemos uma relação saudável, em que ninguém precisa do outro, mas escolhe estar com o outro. Não há uma necessidade.

Nas relações em que eu preciso de alguém, seja por dinheiro, seja pelo cuidado, isso está mais ligado à utilidade do que à afetividade.

Quando eu ligo para você porque gosto de você, porque me preocupo, me importo, isso é espontâneo e natural. Mas quando eu ligo porque quero algo, porque preciso de você, porque você tem alguma coisa para me oferecer e é vital na minha vida, a nossa relação já se estabelece com um elo de dependência.

As pessoas que você tem na sua vida, aquelas que você diz que ama, foram escolhidas para estar na sua vida ou você depende delas? Pense nisso.

Você precisa mesmo é de você.

Eu preciso estar antenado comigo, ligado a mim, preciso estar junto de mim. Preciso escutar os meus desejos mais íntimos, preciso me ouvir, me alinhar com a minha própria escolha, com a minha própria história. Com pedaços meus que talvez estejam perdidos.

Exercitar o perdão, porque, às vezes, precisamos perdoar. Porque, em algum momento, não tivemos a postura que entendemos hoje que teria sido a ideal, mas fizemos o máximo que pudemos, de acordo com os recursos que tínhamos naquele momento.

Nesse momento, pense: é importante voltar um pouco na sua história e fazer as reparações necessárias, em vez de ficar o tempo inteiro remoendo as suas falhas e erros e apontando os dos outros.

Quando pudermos perdoar, compreender e aprender, a cabeça de ontem pode ensinar muito à cabeça de hoje. Inclusive, podemos agradecer as nossas falhas do passado, que foram passos para que conseguíssemos nos perceber mais amadurecidos e conhecedores de nós mesmos. Entender que já não somos mais o que fomos no passado, nos reconhecer como somos agora.

Por isso, estar sozinho é importante. Se você for adepto da meditação, também é uma forma maravilhosa de tentar manter contato consigo mesmo. Fechar os olhos e encontrar as arestas do seu inconsciente.

Como estão os seus pensamentos? O que você anda pensando sobre si mesmo?

Quando você está no celular, com pessoas, trabalhando, são tantos estímulos, que você vai se afastando de escutar o fundamental: a voz da sua verdade, do seu inconsciente. A voz do seu eu reprimida, sufocada, esquecida.

Com frequência, estamos escutando só a voz do nosso parceiro, da mãe, do pai, da amiga, mas não estamos escutando a nossa própria voz. Muitas vezes, estamos nos adequando para ser aceitos, para pertencer. Em nenhum momento estamos nos escutando. O que eu quero dizer sobre mim? O que eu digo a respeito dos meus princípios? Quais são os meus princípios?

Às vezes temos medo, mas não paramos para olhar de fato quais são esses medos, a fim de encará-los e desmistificá-los. Do que eu tenho medo? Conforme eu me conheço, percebo meus recursos e digo "epa! Tenho medo? Vou enfrentar".

Se eu tiver medo de escutar a minha própria voz, de estar sozinho comigo, como posso estar com alguém? Como posso transitar com uma pessoa sendo eu mesmo um desconhecido para mim? Eu preciso me conhecer.

Foi então que comecei a me enfrentar, no sentido positivo. Foi um processo, não foi da noite para o dia, mas foi muito bom.

Sim, eu vou ficar sozinha, dormir sozinha, vou passar longos períodos sozinha, porque eu quero estar sozinha, em minha companhia, para que eu entenda que estar em minha companhia, quando afinada comigo, significa nunca mais estar sozinha.

Então, eu nunca mais me senti sozinha quando estou comigo.

Algumas pessoas me dizem: nossa, mas você foi ao cinema sozinha?

Não, eu fui comigo. "Ah, mas é sozinha!"

Chame como quiser. Eu digo que estou comigo. Eu nunca mais me senti sozinha.

"Meu marido viajou, fiquei sozinha." Não, ficou com você mesma. Ficou se vendo, se escutando, se cuidando.

Você já parou para pensar quanto podemos fazer quando estamos conosco? Muita coisa!

Olhar melhor nosso corpo, nossos projetos, sonhos, realinhar possibilidades, entender nossos limites. Se ainda tem gás para alguma coisa, se não tem mais. Revisitar alguns projetos íntimos. Repensar as condutas que temos conosco e com os outros.

Em vez de conversar com outras pessoas, por que não conversar conosco? Você já percebeu que, quando tem alguma situação em sua vida, você se volta para si, conversa consigo e tem um novo posicionamento sobre aquela situação? E só podemos ter isso quando falamos com alguém que com frequência esquecemos que é tão sábio quando se trata da nossa própria vida: nós mesmos!

Nós temos todas as respostas às nossas indagações.

Você tem todas as respostas sobre as dúvidas da sua vida. Elas estão aí dentro de você, esperando que haja estrutura suficiente para serem acessadas. É como se você tivesse que voltar para si mesmo, mergulhar em si, para conseguir se reconhecer, se entender, se gostar, se abraçar. Ser cúmplice de si.

Se esta leitura reverberar no seu íntimo, você nunca mais vai olhar para a possibilidade de estar só como algo ruim, mas como uma oportunidade de realinhamento.

Se você me perguntar se eu gosto de estar sozinha, vou responder que gosto. Mas já passei por momentos em que detestava. Meu marido ia trabalhar, viajar, fazer uma pós-graduação fora, eu ficava desesperada. Vou ficar sozinha por tanto tempo, como vai ser a minha vida?

Hoje eu penso: vai ser uma boa oportunidade para eu olhar para dentro, tomar uma taça de vinho comigo mesma. Fazer meu café, curtir esse momento.

Se você acordar no horário que escolher, quando sua casa estiver em um silêncio total, e ouvir uma música de que gosta, você pode escolher se isso é viver a solidão ou se você está curtindo sua própria companhia.

Quando você entende que tem muito em si, que não precisa do outro, daquela pessoa, você vai escolher quem você leva para a sua vida.

Um novo portal vai se abrir.

Escolha as pessoas que vão entrar na sua vida porque elas têm algo que possa contribuir com você, e vice-versa. Só acredite em relações em que haja reciprocidade. Do contrário, é perda de tempo.

Existe uma diferença muito grande entre precisar e querer.

Pare de alimentar a dependência, seja independente. Tenha autonomia. Pare de alimentar necessidade. Isso é algo que você cria em sua cabeça.

Conforme você se reconfigurar, muita coisa vai mudar. Pode ser muito melhor. É uma sensação maravilhosa ressignificar. Porém, só conseguimos fazer isso sozinhos. Não pode haver nada atrapalhando. Crie a oportunidade de fechar os olhos e revisitar situações, rever cenas de sua vida, alguns capítulos de sua história, para conseguir entender um pouco melhor.

Converse com você, trate-se bem. Olhe quanto você desperdiça por não estar consigo mesmo. Se você não sabe viver esses momentos consigo, o que vai acontecer? Você vai se abandonar em todos os aspectos, porque está mais para o outro do que para si. Está mais nas outras pessoas, acreditando que precisa estar com elas, que tem que chegar alguém na sua vida para que ela faça sentido.

Ninguém é o ar que você respira. Respire fundo. Esse é o ar que você respira.

Se a pessoa saiu da sua vida, sumiu, não quis, foi embora, ou ainda não chegou, está tudo certo.

"Mas eu sinto saudade." "Essa pessoa era o colorido da minha vida."

Tudo bem. Se lhe fazia bem, dá saudade mesmo. Mas nunca é o colorido da sua vida. Você pode colorir a sua vida.

As pessoas boas, preciosas, que aparecem no nosso caminho, são oportunidades para que sejamos ainda mais felizes, mas isso não quer dizer que já não sejamos felizes e que vivamos momentos felizes conosco.

Não estou falando que você precisa ser um ermitão, viver isolado. Quando você entende que viver na própria companhia é algo gostoso, salutar, naturalmente você se torna uma pessoa mais atraente. As pessoas vão sentir que você é feliz.

Já pensou no peso enorme que é ficar jogando nas costas do outro que ele precisa fazer você feliz? Isso não é obrigação de ninguém. Quem faz você feliz é você mesmo.

Encontros oportunos podem acontecer – e é encontro, não é corrida maluca ("preciso encontrar logo alguém, olhe a minha idade!").

Pare com isso. Pode acontecer, e, se acontecer espontaneamente, que bom, até porque, quando você tem autonomia, abraçou essa proposta, entendeu que vive muito bem consigo, que nunca mais estará sozinho, aí você tem liberdade e sabedoria para não entrar em barca furada, para escolher melhor e não só ser escolhido.

Sem ser refém da carência, que nos leva a aceitar qualquer coisa. Já foi ao mercado com fome? Qualquer coisa serve! Sentiu que toca o seu coração, que mexe com você, aí, sim.

Vamos ver se você entrou em contato com sua autonomia, se está estimulado para entender que a sua própria companhia é a melhor do universo para você. Então, vamos ao exercício.

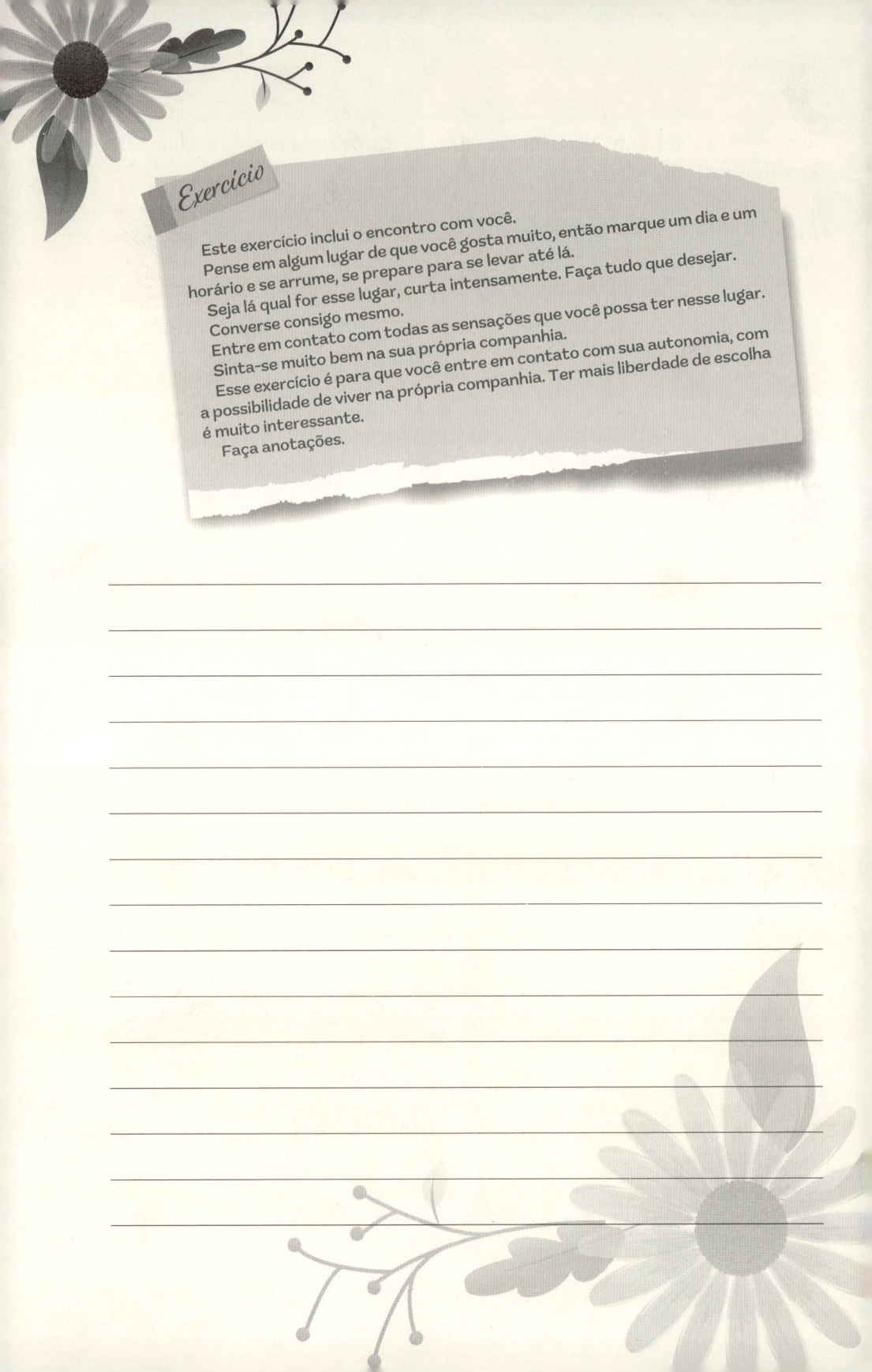

Exercício

Este exercício inclui o encontro com você.

Pense em algum lugar de que você gosta muito, então marque um dia e um horário e se arrume, se prepare para se levar até lá.

Seja lá qual for esse lugar, curta intensamente. Faça tudo que desejar. Converse consigo mesmo.

Entre em contato com todas as sensações que você possa ter nesse lugar. Sinta-se muito bem na sua própria companhia.

Esse exercício é para que você entre em contato com sua autonomia, com a possibilidade de viver na própria companhia. Ter mais liberdade de escolha é muito interessante.

Faça anotações.

Apego e vínculos afetivos

Um tabu enorme, social, refere-se ao fato de sair sozinho. Às vezes as pessoas veem alguém sozinho no cinema ou em um restaurante e olham meio de canto. Podem pensar: "Ah, coitado(a), está sozinho(a)".

Quando começamos a trabalhar o abandono de estereótipos, passamos a olhar as pessoas que estão sozinhas em algum lugar de outra maneira.

Por exemplo, ao ver alguém indo ao cinema sozinho, você pode pensar: que legal, essa pessoa teve vontade de sair, talvez tenha convidado alguém e a pessoa não pôde acompanhá-la, ou ela quis sair sozinha mesmo.

É preciso viver essa experiência. Se houver alguém que possa acompanhar, que queira, que faça sentido estar com você naquele momento, vai ser bom estar junto, mas há oportunidades na vida que são nossas. Há movimentos, situações que realizamos na nossa própria companhia, pois às vezes estar com outra pessoa pode atrapalhar, tirando-nos o foco do que é necessário.

Exemplifico: pode não fazer sentido ao seu parceiro ou a outra pessoa assistir a certas peças de teatro, com temática voltada ao seu universo profissional. Ou alguns passeios que você fez na vida e que entendeu que dizia respeito à sua vida apenas.

Ou, ainda, você se viu em algum lugar em que foi exercitar sua fé e entendeu que naquele momento a vibração era dirigida somente a você.

Dessa forma, você pode descobrir a possibilidade de marcar encontros consigo mesmo, que foi a proposta do exercício anterior.

Talvez você já tenha feito isso algumas vezes. Considero isso importante, porque é uma maneira de quebrar alguns protocolos internos ou preconceitos e deixar de ter vergonha.

Lembro-me de um atendimento, no qual minha cliente falou: "Quero muito viajar, mas eu vou tirar férias em um período em que ninguém tirou, como vai ser? E vou sozinha, o que as pessoas vão pensar?". Então, argumentei: "Mas você está viajando para você ou para as pessoas?".

Foram várias sessões, nas quais quebrávamos esses pensamentos, relembrávamos a importância de desmistificar aquilo.

Estar só consigo mesmo não o impede de estar com outras pessoas, isso só aumenta a qualidade de seus elos e vínculos. Aprender a estar só consigo mesmo só vai acrescentar.

E, por falar em elo e vínculo, chegamos ao apego.

O apego se popularizou com um olhar bastante pejorativo: "Fulana é apegada".

Se você tiver interesse, caso goste de mergulhar nessas questões de comportamento e teorias, indico a obra *Formação e rompimento dos laços afetivos*, do psicólogo britânico John Bowlby, já que ele tem a própria teoria de apego.

Quando pensamos em vínculo e elo, entramos em contato com o apego. E, saindo um pouco do sentido pejorativo do apego, chegaremos à importância do desenvolvimento do apego por sobrevivência.

O apego existe desde sempre, inclusive no reino animal. Nós precisamos, pelo menos por algum tempo, desenvolver esse sentimento por alguém para sobreviver. Para que possamos adquirir força e ter, finalmente, autonomia.

O apego começa a ser desenvolvido quando a criança vem ao mundo. Ela é completamente dependente de um cuidador e precisa se alimentar, ser protegida, então ela vai estabelecer esse elo. A capacidade do vínculo depende muito da disponibilidade dos cuidadores em relação a essa criança.

Eu convido você a pensar sobre como foi a sua situação.

Tente lembrar-se ou até imaginar, de acordo com tudo que você tem vivido, como podem ter sido esses momentos em que você precisava de seus pais ou cuidadores, se eles estavam dispostos a suprir as suas necessidades.

Todos nós precisamos! Mesmo que você seja superindependente, lá atrás você precisou. Faz parte do nosso processo, do nosso desenvolvimento.

Podemos ter vivido muita ansiedade, insegurança, aflição, angústia. Sentimentos que são naturais, inerentes ao indivíduo. Penso que todos nós sentimos ansiedade em algum momento, nos frustramos, porque os nossos pais ou cuidadores não estavam o tempo inteiro disponíveis, e as nossas necessidades não têm hora marcada, elas simplesmente aparecem.

Podemos ter tido essa estrutura, esses afetos, pessoas disponíveis para nós, ou talvez não tenhamos tido tanto assim. E entenda que culpar ou ficar com raiva não é o caminho, porque seus pais ou cuidadores têm defeitos, dificuldades, limitações, como nós.

Somos seres humanos, somos falhos, sempre tentando fazer o nosso melhor. Em algumas situações, há pessoas que não se esforçam tanto, outras se esforçam muito. Há aqueles que falham e não conseguem suprir as nossas necessidades, e há aqueles que suprem, pelo menos grande parte delas.

Se na fase de internalização do apego as nossas necessidades afetivas foram bem supridas, então nós fomos bem atendidos. Precisávamos e os cuidadores estavam lá. Isso se configura, por exemplo, em uma amamentação saudável, com atenção e carinho.

Se o que recebemos tiver sido acima da média, possivelmente teremos esse apego internalizado de um jeito muito positivo, ou seja, a nossa capacidade de nos vincular será saudável. Conseguimos confiar, escolhemos lugares que são confiáveis, estabelecemos relações justas com o parceiro – porque acreditamos e confiamos e, assim, nos apropriamos do afeto que nos é direcionado.

Conseguimos também corresponder e contribuir, de uma maneira saudável, com esses afetos. Mas não é assim com todo mundo. A grande maioria tem problemas importantes na internalização desse apego. Primeiro, porque vivemos num mundo caótico, de muita ansiedade. Pode ser que papai, mamãe, cuidador(a) tenham sido superatentos(as), mas eram pessoas muito ansiosas.

Então, veja, os cuidadores fizeram tudo que estava ao seu alcance, cumpriram todas as metas, agiram da melhor maneira, mas eram pessoas muito ansiosas e/ou muito rígidas, que exigiam muito de si mesmas, pessoas que estavam o tempo inteiro ali, porém eram estabanadas, desorganizadas, estavam na luta para tentar melhorar, mas tinham uma grande insegurança.

A criança é como uma esponja, tem uma grande capacidade de absorver, visceral. Ela absorve tudo. Por mais que os pais estivessem se esforçando, tentando ser os mais dedicados, talvez estivessem passando por um momento conturbado em suas próprias vidas.

Pense comigo: pode ser que esse bebê tenha vindo num momento em que seus pais estavam passando por um perrengue danado, talvez esse bebê tenha nascido exatamente quando a mamãe teve uma perda na família, ou estava passando por um momento de dificuldade financeira, ou nervosa com alguma questão existencial, ou vivendo um conflito grande com seu parceiro.

Então, essas questões vão repercutir naquela criança, que levará isso para a vida adulta. E como isso vai aparecer mais tarde? Vai se refletir na insegurança da relação afetiva, em desconfiança, todo dia pensando "hum, não sei".

Isso pode levar a pessoa a ter uma inocência neurótica. Ela tem uma dificuldade imensa de ler o outro, acaba sempre se dando mal ou se prejudicando.

Você pode ter um medo danado de se relacionar. Pode ser que você revele o que quer, o que faz sentido, mostre tudo que mais toca seu coração. Mas, no final, você faz alguma coisa para se sabotar, se boicotar.

Essas questões também se refletem na pessoa que você escolhe. Muito do que escolhemos já reflete os recursos que temos. Esse medo de se relacionar que talvez você tenha, consciente ou não, pode ser advindo da internalização desses vínculos.

Você pode ter internalizado uma crença vincular que em algum momento será abandonada. Não importa o que você faça, o outro não vai estar inteiro com você, em algum momento ele vai decepcionar. Em algum momento você vai confiar, vai mergulhar na relação, vai entregar o que tem de mais lindo e essa pessoa vai pisotear o seu coração. Se você tiver essa crença internalizada, que está no seu inconsciente, na sua forma de apego, lá no passado, todas as suas relações, de alguma forma, vão confirmar isso.

Pode ser que você não consiga se entregar, que comece um relacionamento, mas tenha uma dificuldade gigantesca em demonstrar, em exteriorizar as suas emoções.

Há vários tipos de apego – o seguro, o inseguro, o evitativo, o ambivalente –, que vão depender do que você recebeu.

Pense um pouco em como você se sente nas relações e até nos parceiros com os quais se relacionou. Você poderá perceber se era mais seguro ou inseguro, se era mais "evitativo", se não conseguia mergulhar, se sentia medo ou se era ansioso, angustiado.

Em um momento você queria muito, era intenso e, de repente, fazia algum movimento sabotador.

Pensando nessas formas de apego que você possa ter, o importante é que sempre dá para melhorar ou reconfigurar. Inicialmente, é preciso perceber e se conscientizar.

Talvez você nunca tenha pensado nisso; "caramba, que forma de apego terei internalizado aqui dentro?". Procure refletir a respeito, entenda que isso vai deflagrar a sua facilidade ou dificuldade de se vincular.

Eu consigo me vincular de uma forma mais saudável, com mais facilidade, conforme internalizo a autonomia, ou seja, quando entendo que não preciso hoje de um cuidador, de papai e mamãe, para me deixar seguro na vida. Não preciso, pois tenho a mim.

A segurança, que antes você precisava que viesse do papai e da mamãe, hoje você vai encontrar em si mesmo. Se você tiver fome, vai comer ou cozinhar sua própria comida.

Se você precisar se aquecer porque está frio, você abre o armário e pega um cobertor. Você vai entendendo e se apropriando da sua autonomia, então percebe que agora pode escolher com discernimento quais são as pessoas com quem quer desenvolver um apego seguro.

Apego é todo aquele vínculo que você consegue estabelecer a partir do momento em que confia que aquela pessoa lhe faz bem e que você faz bem a ela. Então, faz uma aliança de relacionamento e se compromete com a proposta relacional, seja ela qual for: amizade, namoro, casamento.

Se, ao contrário, você nunca estabelece um vínculo, fica sempre desconfiado, se sabota, como vai construir aquilo que é importante para você? Seja uma amizade, seja uma relação duradoura. Então, entrando em contato com a sua autonomia e percebendo quem são as pessoas que escolhe para estar ao seu lado, você começa a estimular o apego seguro e estabelece vínculos muito mais saudáveis.

E, principalmente, vai perceber o que importa e o que você quer para sua vida. Que tipo de relacionamento quer travar e quais são os seus objetivos? Então, você vai confiando naquilo que percebe que é um terreno fértil, porque já não depende do outro.

Perceba, você terá uma troca gostosa, terá reciprocidade, sem precisar depender mais do outro, porque entende que faz sentido. E aí pode se vincular – que é quando você estabelece a ponte, em que pode trazer o amor, cultivar o afeto. E, se porventura acontecer de terminar e você se frustrar e sofrer, ainda conseguirá se refazer.

Você vai ficar triste, poderá ser difícil, claro. Será doído, porque você estabeleceu um vínculo, se apegou. Mas consegue entender que sobrevive sem aquilo. Que não precisa ficar desesperado, arrancando os cabelos.

Muitas vezes, você pode ter saído de uma relação e ainda ter uma sensação de apego por essa pessoa que já saiu da sua vida.

Possivelmente isso é um pensamento hiperestimulado na sua mente, em que você entende que estabeleceu com essa pessoa algo que você acredita que não pode viver sem.

Quando mantemos um vínculo com alguém, estabelecemos uma aliança (amizade, amor, seja o que for), temos um combinado invisível de receber e de dar. Quando essa pessoa deixa de fazer parte da nossa vida, mas ainda alimentamos o vínculo, ficamos acompanhando seus movimentos, estamos alimentando a relação que não existe mais, como se fosse uma corda que ainda estivesse amarrada àquela pessoa. É a mente que está alimentando isso.

Se eu entender que não tenho mais essa pessoa na minha vida, mas também compreender que tudo aquilo que eu depositei nela continua comigo, estarei recondicionando esse apego.

"Ah, mas eu ainda tenho muito apego, muita saudade, muita lembrança, sinto muita falta, eu estou muito ligado." Faz parte. Você gostou, acreditou, depositou, investiu. Nada disso é perdido. Mostra sua capacidade, sua competência afetiva.

Isso é um exercício muito importante: nada foi perdido! Tudo que você colocou lá, tudo em que acreditou, o apego foi estabelecido, houve momentos bons, mas houve uma inviabilidade, por alguma razão, e o vínculo se desfez. Porque o outro decidiu, ou vocês juntos decidiram, ou talvez tenha acontecido alguma situação em que você se sentiu obrigado a terminar. Então, vá aos poucos trabalhando isso na sua mente.

Tudo aquilo que você viveu, que foi bom, ficará como experiência, como lembrança boa dentro de você. E também aquilo que você deseja, que você construiu, que estabeleceu para ter com essa pessoa, se hoje não dá para ter, acredite, dá para ter em você. E, logo que você tiver superado o luto do término, conseguirá pensar em reviver muita coisa com uma pessoa que esteja apta a viver tudo isso com você.

Ajude-se!

O apego acontece, o vínculo existe quando você tem essa ponte construída com uma pessoa. Quando isso se quebra, você tem sempre que voltar para si mesmo.

Eu volto para mim, pensando comigo. Fica em mim aquilo que é bom; aquele amor que eu coloquei no outro, eu trago de volta para mim. Aquelas vontades, aqueles desejos que eu tive com o outro, trago de volta para mim.

Pare de achar que os seus sonhos vão embora com a pessoa. Pare de achar que o amor que você depositou foi embora com ela. Não. Quem foi embora foi a pessoa. A sua capacidade, a sua competência, a sua vontade e o seu desejo de amar sempre estarão inteiramente com você. Nós somos sempre capazes de amar novamente.

"Ah, mas eu dediquei todo o meu amor." Não! O seu amor não foi todo para essa pessoa. Esse amor está em você. É uma fábrica eterna.

Você amou muito uma pessoa, mas tem tanto amor aí dentro que pode amar outra também. Você tem que respeitar um período para conseguir se realinhar, se reorganizar, se ressignificar e se restabelecer para, futuramente, se quiser – depois que você tiver se amado muito, se reerguido, se refeito, depois que as suas feridas tiverem cicatrizado –, poder amar outra pessoa.

"Ah, mas eu nunca mais vou me apegar a ninguém."

Você vai desenvolver um apego seguro, positivo, equilibrado, para que esse vínculo aconteça, para que esse elo exista e, então, você consiga ter trocas genuínas, salutares, para a sua vida. Sempre. É isso que você deve pensar.

Se você tem um bom apego com as pessoas, se você consegue se vincular, que bom! Sinal de que você tem amizades maravilhosas na sua vida e tem uma capacidade incrível de desenvolver vínculos com outras pessoas. Por isso, assim que você quiser, vai escolher alguém com quem se relacionar.

Agora, preste atenção ao exercício a seguir, que vai lhe fazer um bem danado. Anote aí no seu caderninho, pois com certeza vai dar um *upgrade* na sua vida.

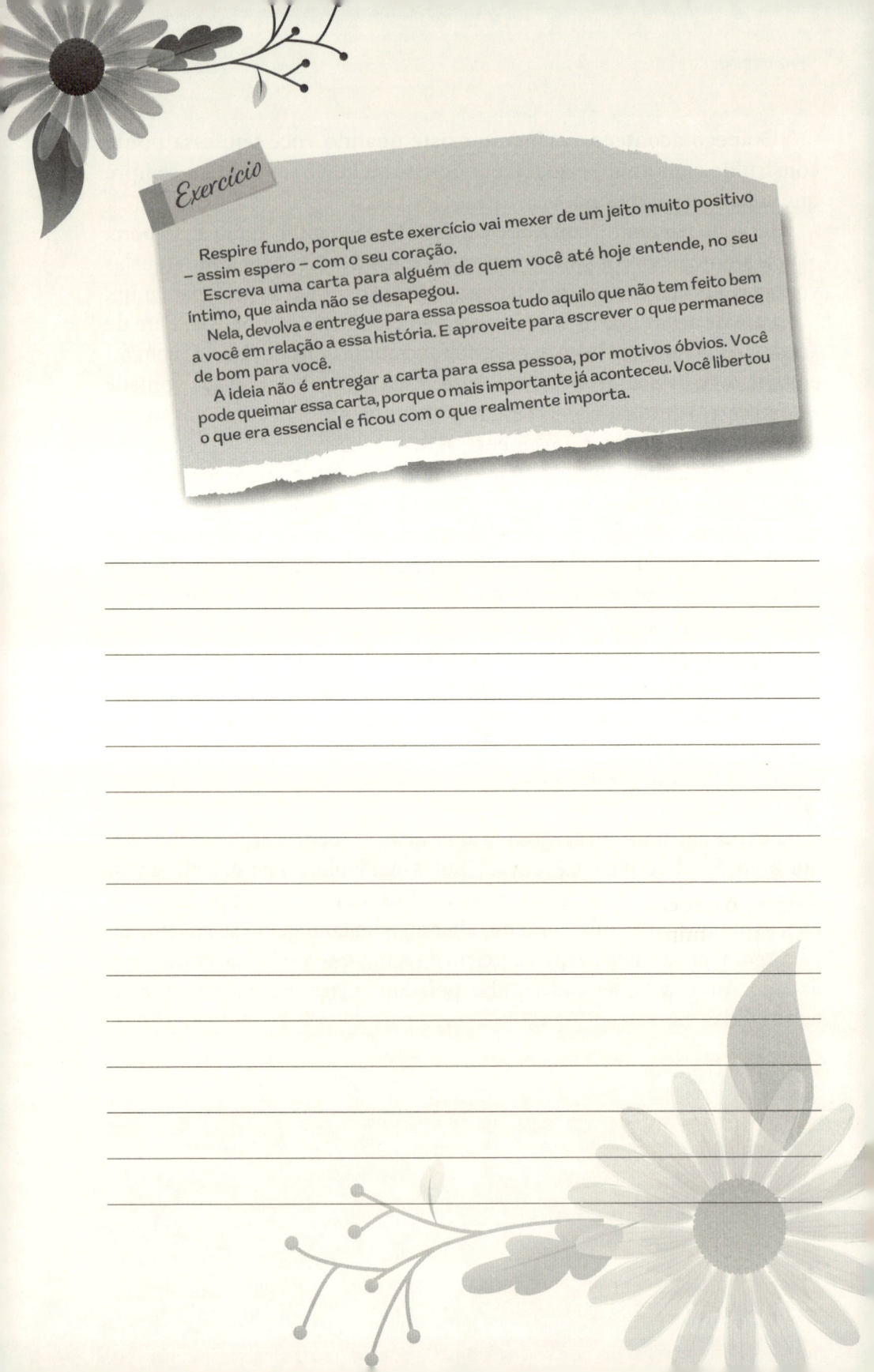

Exercício

Respire fundo, porque este exercício vai mexer de um jeito muito positivo – assim espero – com o seu coração.

Escreva uma carta para alguém de quem você até hoje entende, no seu íntimo, que ainda não se desapegou.

Nela, devolva e entregue para essa pessoa tudo aquilo que não tem feito bem a você em relação a essa história. E aproveite para escrever o que permanece de bom para você.

A ideia não é entregar a carta para essa pessoa, por motivos óbvios. Você pode queimar essa carta, porque o mais importante já aconteceu. Você libertou o que era essencial e ficou com o que realmente importa.

Autovalorização

Vamos falar sobre autovalorização.

Você se valoriza?

Você tem a sensação de que as pessoas não o valorizam?

Quando eu falo em valorização, automaticamente as pessoas fazem o exercício de pensar como elas se posicionam em relação às outras e como essas pessoas as avaliam.

Se eu ficar pensando sobre o valor que as pessoas me dão, ele vai variar muito, porque nem todos enxergam minhas virtudes, nem todos acham bacana o que eu faço, uns não aprovam meu comportamento, outros não gostam de mim. E talvez, por esse motivo, me deem um valor diferente.

O valor que as pessoas possam me dar diz respeito a elas. Mas o valor que eu me dou vai aparecer e ser representado pelos limites que tenho, por aquilo que deixo ou não fazerem comigo, pelos lugares que frequento, pelas pessoas que eu permito ou não que transitem em minha vida.

Se você tem sentido que as pessoas não o valorizam, que o tempo inteiro você está machucado, ferido, sente que as pessoas com as quais você se relaciona sempre acabam magoando você, sendo abusivas, não é o momento de pensar sobre o valor que tem se dado?

A partir do momento que você se der valor suficiente, vai deixar de entrar em determinadas situações e vai recusar determinados comportamentos.

Então, surge tranquilidade quando você nega algo. Você não vai ficar com peso na consciência ou o tempo inteiro se questionando, sempre priorizando o outro em detrimento de si.

Lembra-se do capítulo em que falamos de limites e de aceitação? Se não está tão fresco na memória, volte à página. Procure reter as informações, para você entender como a autovalorização é essencial na sua jornada.

Que valor estou me dando na vida? Por que estou me prestando a papéis que não fazem sentido algum? Em que momento entendi que eu valia tão pouco? Que eu tinha que me colocar em determinadas dinâmicas e situações para agradar alguém? Ou que acreditei que não sou grande coisa e por isso vou aceitar migalhas?

Você aceita migalhas afetivas?

Já parou para pensar nas situações da sua vida e sobre como você está sucumbindo a esse pensamento de menos valia? Nós só aceitamos pouco, só ficamos ali, diminuídos no pequeno mundo do outro, nessas dinâmicas restritivas, quando por algum motivo entendemos que é isso mesmo que valemos.

Pense. Se essa pessoa com a qual você se relaciona tem lhe dado tão pouquinho, em um relacionamento complicado, observe o motivo de você aceitar essas migalhas.

Você fica o tempo inteiro se dizendo: "Pelo menos eu tenho isso", "prefiro ter isso a não ter nada". Eu tenho muito receio dessa frase: "Eu prefiro ter pouco a não ter nada". Esses dizeres são muito perigosos. Você está afirmando que só tem duas opções na vida: pouco ou nada.

Se você delineou isso para a sua história, essa é a sua realidade agora. O pensamento é muito poderoso. Todo pensamento, toda fala é uma prece.

Observe o que você está contando para si mesmo.

"Se eu me posicionar, a pessoa irá embora. Se eu disser o que quero, vou ficar sem nada." Desde quando?

Em quantas situações da nossa vida aceitamos pouco, afirmando que temos pelo menos aquilo? Porque dentro de nós está vibrando uma voz que diz que somos inseguros, que não merecemos algo melhor, que somos incapazes, porque o valor que estamos nos dando é muito baixo. E esse valor baixo que nos damos é aquilo que o outro compra de nós.

Quando você finalmente entender o valor que tem, é quando vai abraçar sua história, sua vida. Tudo que você passou, viveu. A pessoa que você é, o coração que tem.

Olhe o seu coração. Olhe a sua capacidade, a sua generosidade. Olhe sua empatia, seu olhar carinhoso com as pessoas que ama. Olhe como você quer bem, como está sempre disposto a ajudar, a dar o seu melhor, o seu comprometimento, a sua verdade. Olhe a sua intensidade. Tudo isso vale muito, tem um valor imensurável.

Se você não acreditar em si, se não se apropriar da sua verdade, vai se prestar a esses lugares. E se repetirão essas migalhas afetivas, os encontros esporádicos, estar com pessoas indisponíveis. Pessoas que estão com outras pessoas. Que lhe dão um espaço mínimo em sua vida. Só estão com você quando é conveniente.

E você ali, aceitando, dizendo amém. "Pelo menos eu tenho alguém." Está superdesgostoso, mas continua ali. Até briga, como cachorro que ladra, mas não morde, e ao mesmo tempo aceita esse lugar. Não adianta brigar, fazer escândalo e depois voltar. Colocar o rabo entre as pernas e continuar no mesmo lugar.

Quando você entender o seu valor, quando finalmente perceber quanto vale, vai dizer não para algumas situações. Sem ficar berrando, sumindo, bloqueando, mas se posicionando. "Ah, mas o outro vai ficar bravo, não vai gostar." Provavelmente, sim. Se sempre dizemos sim para tudo, quando começamos a nos posicionar, as pessoas costumam não gostar mesmo. Claro, elas vão se frustrar, sendo que até hoje quem se frustrou foi você.

"Mas pode ser que essa pessoa suma." Sim, pode. Mas essa pessoa que lhe dá migalhas, quando sumir – olhe que maravilha – vai doer um pouco, porque quando ela vai embora vão com ela as idealizações, expectativas e fantasias que você tinha de que essa relação se transformasse em algum momento.

Eu já lhe digo: enquanto você agir dessa forma, isso não mudará. Se perpetuará. A pessoa está acomodada nesse lugar, tendo você sempre se posicionando com esse valor tão pequeno que estabeleceu para si mesmo.

Pense pela lógica: se você é alguém que se dá pouco valor, o investimento do outro em você será mínimo, irrisório. Quanto mais valor eu tenho, mais proporcionais serão minhas interações.

Se eu não percebo meu valor, se aceito qualquer coisa, se estou sempre aceitando migalhas, o outro será econômico, restritivo; e eu vou me moldando, me adaptando ao inadaptável, ao baixo investimento do outro em mim. E você acha que, do nada, essa pessoa vai passar a investir muito em alguém que não se valoriza? Não! Essa matemática não fecha.

Mas você pode passar a se valorizar já. "Eu tenho medo de perder!" Você não vai perder nada. Vai tirar da sua vida quem investe pouco em você, para dar espaço para os novos investimentos, proporcionais aos que você começar a fazer em si mesmo. O pensamento deve ser assim: fica comigo quem entender o meu valor. Se quiser dar pouco, eu não quero.

"Mas eu gosto da pessoa." Sim, mas vamos dizer não ao outro, mesmo gostando, porque gostamos mais de nós mesmos. Gostar de si mesmo é sempre a melhor saída.

Quando eu gosto mais de mim do que de qualquer outra pessoa por quem eu tenha carinho, de quem eu goste, eu me sinto mais seguro no mundo.

Você pode até dizer para a pessoa: eu gosto muito de você, mas migalhas não me saciam. As migalhas afetivas que você tem para me dar não me satisfazem. Meu estômago emocional fica roncando, e quem tem que ouvir esse ronco sou eu. E não quero ficar com dor de estômago. Quero me fartar, me deliciar, porque é isso que eu mereço.

Você precisa entender se as pessoas que entram na sua vida são compatíveis com o seu valor.

O valor não é para os outros. É para você mesmo, e a conduta dos outros em relação a você reflete esse valor.

Por isso você precisa bancar o seu valor. "Mas é negociável?" Não, seu valor não é negociável. Ou a pessoa reconhece e se posiciona, respeitando e valorizando você, ou ela não terá espaço na sua vida. Ela não vai ter cacife para estar com você. Você vale muito! Toda a sua história tem um valor gigantesco.

Agora que você já passou por tudo que a gente conversou, tenho certeza de que seu amor nunca esteve tão calibrado como neste momento. Você está se amando como nunca. Este momento é perfeito para você começar a se posicionar diante dos outros. Não é brigando nem gritando, é se posicionando:

"Olha, eu gosto muito de você, mas desse jeito não dá para mim".

"Isso não me basta! Quero presença, quero ser respeitado, considerado."

Quem se valoriza busca ser prioridade do outro, do mesmo jeito que se prioriza. Não dá para você dar e não receber. Precisa haver uma troca.

A partir de agora, coloque uma coisa na sua cabeça: você só estará com pessoas que enxergam o valor que você mesmo já percebeu em si. Inclusive, pense sobre o que se propõe a fazer. O que você coloca na sua vida, que atividades, tudo. O primeiro passo é o valor que você se dá, depois os lugares, as pessoas e as coisas que colocará no seu caminho.

Uma pessoa que descobre o seu próprio valor nunca mais aceita migalhas afetivas de ninguém, porque já entendeu o banquete que merece. E agora decidiu se fartar. Combinado?

Faça o exercício a seguir e, finalmente, estabeleça, coloque dentro do peito, para sempre, o valor que você tem.

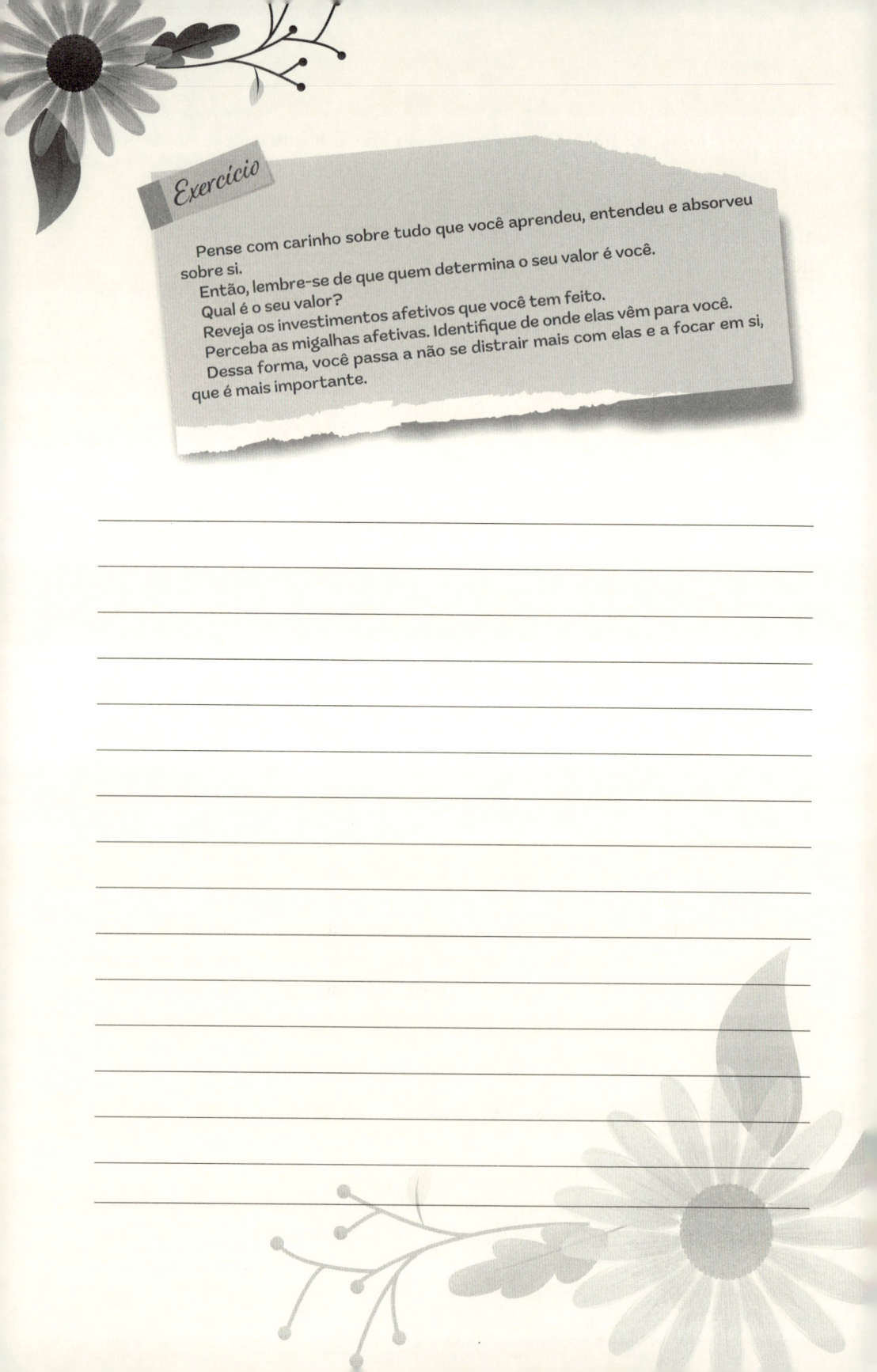

Exercício

Pense com carinho sobre tudo que você aprendeu, entendeu e absorveu sobre si.
Então, lembre-se de que quem determina o seu valor é você.
Qual é o seu valor?
Reveja os investimentos afetivos que você tem feito.
Perceba as migalhas afetivas. Identifique de onde elas vêm para você.
Dessa forma, você passa a não se distrair mais com elas e a focar em si, que é mais importante.

13

Reciprocidade

Então, quer dizer que agora você entendeu o seu valor. Talvez esteja num processo de incorporá-lo, mas entendeu. Entendeu também que não tem que aceitar migalhas de ninguém, justamente porque vale muito. E o investimento que vier da outra parte deve ser sempre correspondente ao seu valor.

Não esteja em promoção nem se divida em parcelas! Muitas vezes, você se despedaça, se esvazia para dar o melhor de si e atender àquilo que parece ser melhor ou mais confortável para o outro.

Continuando nesse assunto, eu trago para você uma lei de vida: se ao iniciar esta leitura você tinha em mente melhorar a sua capacidade de amar, desenvolver o amor que está aí dentro, para poder amar de uma maneira mais saudável, esteja pronto para compor um novo repertório na sua vida.

Então, coloque essa lei da vida no seu cotidiano: nunca mais desconsidere a importância da reciprocidade. Isso é uma lei relacional. É na reciprocidade que um relacionamento equilibrado acontece. Na reciprocidade afetiva, no afeto mútuo, no interesse que temos de nos relacionar, respeitando o nosso combinado.

A reciprocidade anda junto com a proporcionalidade.

Observe seus relacionamentos. Tanto aqueles que já teve ou os que está tendo, os seriamente românticos e até os familiares.

Observe a reciprocidade e a proporcionalidade dos seus relacionamentos. Veja se o seu interesse se encontra com o interesse do outro. Observe se aquilo que você dá é proporcional àquilo que está recebendo.

Em muitos momentos da vida haverá um pouquinho de desequilíbrio, o que não será um problema, porque em alguns momentos da vida isso pode acontecer. Há situações em que o outro tem que se dividir em outras tarefas, mas isso não pode ser constantemente desigual.

O que prejudica é quando você está dando muito e o outro dando muito pouco, e/ou vice-versa. Isso pode começar desde o início do relacionamento, quando você está conhecendo uma pessoa.

Se você é alguém que está acostumado a receber muito pouco, se durante toda a sua vida você nunca se valorizou, sempre achou que tinha que fazer pelo outro, se acostumou dessa forma, talvez você lembre que seus pais agiam assim. Se você sempre foi dessa maneira em sua casa, na sua família, é bem provável que repita isso nas suas relações.

Então, já que você chegou até aqui, com certeza já reviu muito dessa forma de funcionar e desse modelo para conseguir ressignificar comportamentos (pelo menos ainda de fora para dentro), e, acredite, essa roda vai começar a girar naturalmente.

Quando você começa uma relação com alguém e, por exemplo, manda uma mensagem e o outro não responde e, então, você manda trinta mensagens em seguida, na verdade você está querendo arrancar à força o que não veio naturalmente.

A reciprocidade flui naturalmente. Quando não acontece naturalmente, você pode fazer o seu movimento: mostrar para o outro que está descontente, que aquilo desagradou você, e que gostaria que fosse diferente. Pode acontecer de o outro perceber, entender, por isso a comunicação é tão importante.

Quando você comunica aquilo que o incomoda, você oferece ao outro a possibilidade de fazer uma mudança, e, caso ele mude, a proporcionalidade é respeitada e se torna mais equilibrada.

Se desde o primeiro encontro você sempre dá muito mais, faz de tudo para encontrar a pessoa, para viabilizar o encontro, e a outra parte devolve muito pouco, ou você está sempre à disposição, sempre fazendo muito mais que o outro (seja num relacionamento amoroso, seja no trabalho, numa amizade), você não está levando em conta a lei da reciprocidade, tampouco a proporcionalidade.

Pense: se eu dou um pouquinho, o outro faz o mesmo. Dou mais um pouquinho, o outro não dá. Não adianta eu querer fazer para compensar a parte que não vem do outro lado. Senão, você vai fazer o que, provavelmente, já fez na sua vida: amar por dois, trabalhar por dois, por três, por quatro.

Cada um tem a sua parcela de responsabilidade e contribuição em uma interação. Faça a sua parte. Até para você notar o que falta o outro fazer.

Muitas vezes, começamos um relacionamento e estamos muito interessados, idealizando. Construímos uma história que queremos que aconteça, que desejamos. E, quando o outro não faz, nós vamos lá e fazemos.

Estamos sempre fazendo a parte que o outro deveria ter feito. Estamos sempre reparando. Isso acontece muitas vezes por ligações ou mensagens. Bombardeamos o outro e não observamos a falta de retorno. Vira um monólogo. Ou seja, é sempre você que está propondo, pagando, investindo. O outro nunca propõe nada. Sempre é você. O outro vai se acomodando. Sem perceber, você se condiciona a uma dinâmica na qual faz um monte e o outro, quase nada.

Percebe? Como você faz muito e o outro, pouquinho, você faz a parte que seria dele. Aí o relacionamento acontece, fica sustentável. Mas e a proporcionalidade de investimento, a reciprocidade? Péssima. Isso vai resultar em descontentamento e em esgotamento. Você pode ficar supercarente, porque está dando muito e recebendo pouco.

Não adianta culpar o outro lado. Ele está achando ótimo. Não tem culpado. Tem parcelas de contribuição. Conforme vamos nos posicionando, vamos deixando espaço para o outro se posicionar. Ou seja, se você fizer demais para o outro, talvez ele não perceba que não está fazendo, porque você não dá espaço.

Por isso que, ainda mais no mundo em que vivemos hoje, penso muito nas mulheres, que agora estão inseridas no mercado de trabalho, são multifuncionais, fazem de tudo um pouco e, muitas vezes sem perceber, não dão espaço para o parceiro, fazem tudo sozinhas.

Somos mães, donas de casa, namoradas, esposas, amantes, profissionais, cuidamos do nosso corpo, somos motoristas, cozinheiras, performáticas. São tantas funções e atividades que, sem perceber, não damos espaço para o parceiro. Damos conta de tudo.

Então, mulher, em vez de ficar sobrecarregada e depois começar a brigar com o parceiro, que tal começar a observar quais espaços você está dando para ele?

E você, homem, quantas vezes esteve em um lugar na relação em que estava dando conta de tudo?

E então, o outro contribui com o quê? Quando você se dá conta, está bancando o outro, está cuidando da casa, do almoço, do jantar, das contas, das crianças, de absolutamente tudo.

O interessante é que o termômetro disso é o sexo. O sexo vai escasseando, o desejo vai acabando, a relação vai ficando neurótica. Ou você se torna assexuado ou pode começar a se interessar por outra pessoa. Aí começam as rusgas, os ruídos da relação.

Portanto, é fundamental que a lei da reciprocidade seja observada desde o começo. Você deve perceber quanto o outro está disposto, quão equilibrados estão sendo os investimentos, quanto a pessoa está entendendo como você quer e gosta de ser amado.

Quanto você diz e mostra, pede, conta? O outro não tem uma bola de cristal para adivinhar. E quanto o outro, também, consegue contar ou mostrar a você o que deseja? Quanto vocês viabilizam espaços, diálogos?

Há um livro de que eu gosto muito: *As 5 linguagens do amor*, de Gary Chapman. É fantástico. Como o título indica, a obra discorre sobre as linguagens do amor, sobre quanto conseguimos perceber a linguagem do outro, como o outro gosta de ser amado, como o outro se sente amado e como nós nos sentimos amados.

Porque não são poucas as vezes em que achamos que estamos fazendo um monte (e estamos mesmo, né?), mas estamos fazendo como nós gostaríamos de ser amados, da nossa forma, do nosso jeitão, que não necessariamente é o do outro. Por exemplo, eu posso ter aprendido que demonstrar amor é comprar presentes ou fazer as tarefas de casa. Mas na vida do outro, na história e na realidade dele, é ser beijado, abraçado, acarinhado, viver a sexualidade o máximo possível.

Se eu não estiver ligado na forma de amar e ser amado do outro, estarei me empenhando, achando que estou dando todo o amor possível, mas sem considerar perceber o outro nas suas reais necessidades.

Então a minha pergunta é: você sabe qual é a sua forma de se sentir amado? Pense um pouco.

E quanto à pessoa com quem você está se relacionando (se for o caso), como ela se sente amada? Se você fizer alguns ajustes nesse aspecto, o relacionamento pode melhorar muito. E se você não estiver se relacionando, não se preocupe, porque essa é uma lição aprendida, que será importante nas próximas interações. Você estará ligadíssimo, percebendo o que deve e o que não deve fazer.

Você se sentiu um pouco explorado em seus sentimentos? Posicione o outro. Diga que você quer que isso ou aquilo seja feito. O relacionamento precisa de ajustes, mas é preciso fazer esse movimento. E não ir deixando, levando, vivendo relações sem reciprocidade.

Talvez seja o seu caso. Há muito tempo fazendo, estando sempre à disposição do parceiro, e o outro superacomodado.

Lembra-se da questão de se valorizar? Lembra-se da aceitação, dos limites? Até onde você vai? Qual é o tamanho que você tem? É importante que isso nasça dentro de você, que se desenvolva, que esteja claro, para que possa transmitir para a outra parte.

Reciprocidade. É aí que as coisas acontecem. Em relações recíprocas, nas quais sou percebido e em que aquilo que faço, sinto e exerço também tem uma ressonância no outro.

Se a relação não tiver reciprocidade, repense. Busque ajustar, dialogar e fazer movimentos. Se houver retorno da outra pessoa, maravilha, muito pode melhorar. No entanto, se não houver, se o outro teimar em não corresponder, em não fazer a parte dele, reavalie essa relação.

Nós ficamos nos lugares em que entendemos que cabemos e merecemos. Em muitos momentos da vida, quando nós finalmente compreendemos que precisamos de mais do que aquilo que nos está sendo direcionado, vamos mostrar para nós e para o outro que não cabemos ali.

Desejo para você amores recíprocos. Que o sentimento investido seja devolvido a você. E que assim você entenda quais são os elos, os vínculos, quais alianças são sustentáveis, consistentes e equilibradas.

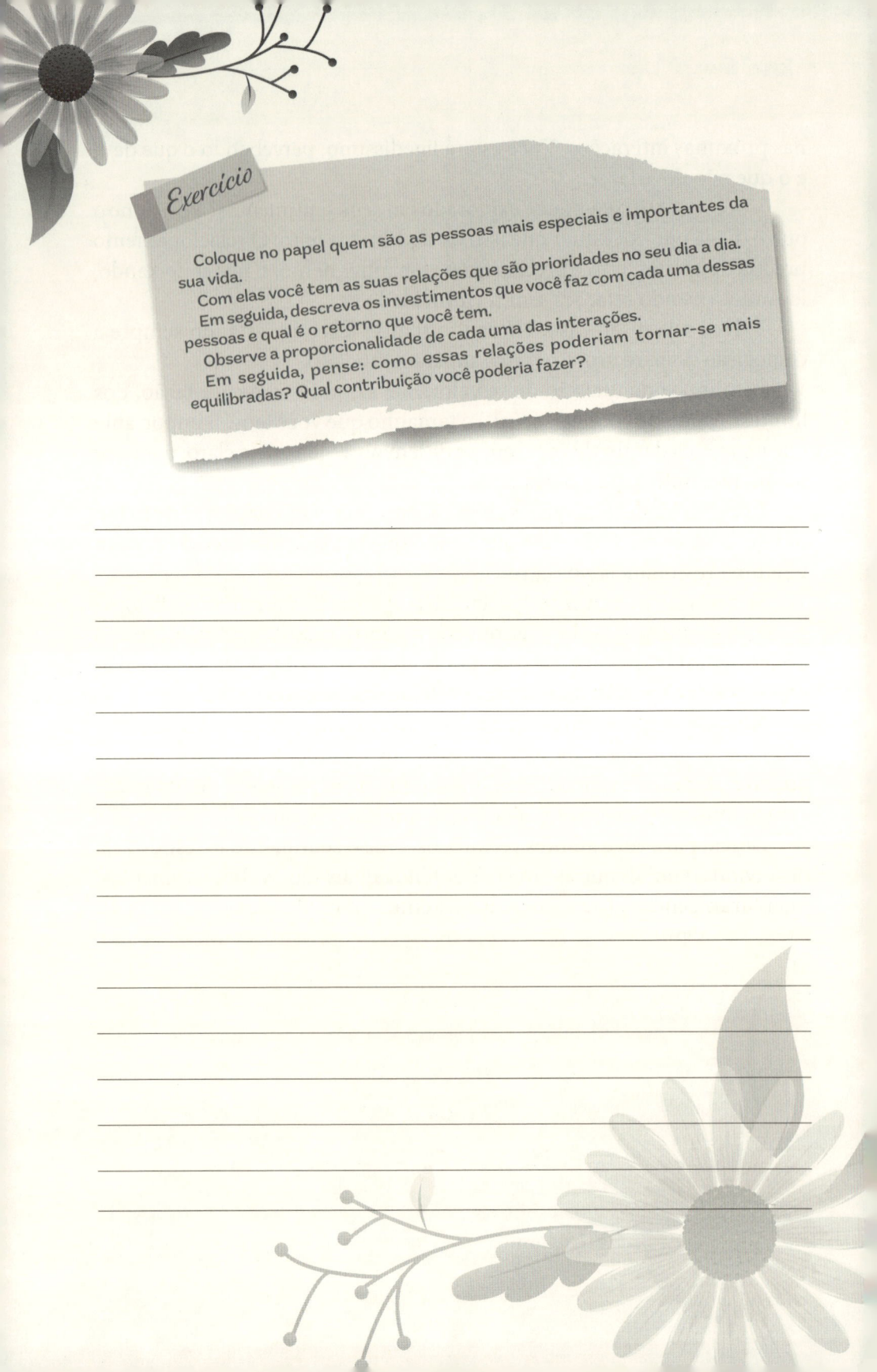

Exercício

Coloque no papel quem são as pessoas mais especiais e importantes da sua vida.

Com elas você tem as suas relações que são prioridades no seu dia a dia.

Em seguida, descreva os investimentos que você faz com cada uma dessas pessoas e qual é o retorno que você tem.

Observe a proporcionalidade de cada uma das interações.

Em seguida, pense: como essas relações poderiam tornar-se mais equilibradas? Qual contribuição você poderia fazer?

Maturidade emocional

Como foi fazer o exercício sobre reciprocidade?
Devemos questionar se não estamos alimentando relações com pessoas que não demonstram reciprocidade afetiva conosco. Que não estão retornando, que não estão nos amando tanto quanto nós a elas. Será que não estamos levando a vida no piloto automático? No entanto, quando nos propomos a fazer um exercício é que notamos se está na hora de parar ou de continuar. Começamos a nos realinhar, e os relacionamentos tornam-se mais proporcionais.

Durante muito tempo na vida eu escutei: "Faça, mesmo se o outro não fizer". Em algumas situações isso cabe. Por exemplo, sair e cumprimentar as pessoas, mesmo que elas não se cumprimentem. Porém, quanto ao relacionamento amoroso, principalmente, em que o investimento no outro se faz necessário para o equilíbrio relacional, é importante ficarmos atentos. Senão, nos machucamos.

Ficamos sempre cobrando de quem não tem. Porque não estamos alinhando, direcionando o que há de mais precioso para nós, que é o nosso afeto.

Se você chegou até aqui, está em um momento muito importante do seu desenvolvimento. Momento em que você já tem mais conhecimento sobre si, transitou nas raízes do passado, observou o que teve, entendeu seus modelos, crenças, pensamentos, a internalização dos seus afetos.

Você rememorou muito daquilo que existiu nas suas fases de desenvolvimento. Possivelmente, ressignificou muitas coisas. Fez reparações necessárias.

E ainda tem coisa para fazer! Mas ao menos um pouco já começou a ser feito. Você passou pelas lealdades invisíveis. Entrou em contato com seu apego. Percebeu sua capacidade de vínculo. Notou alguns movimentos que faltam na sua forma de ser e fazer. Entendeu melhor suas habilidades socioemocionais, da empatia, a capacidade de perceber o outro, se olhou em todas as arestas possíveis, percebeu seus limites, sua aceitação, seu merecimento, sua autoestima, sua autoconfiança, tudo isso para ter o saldo do amor-próprio, que é o resultado do equilíbrio entre todas essas coisas.

Possivelmente você está no caminho de se amar mais, e isso é maravilhoso. Essa paz existencial de estar seguro do seu tamanho, daquilo que você é e tem. A percepção sobre o que precisa melhorar, realinhar, essa sensação de incompletude, isso faz parte da vida. O ser humano tem essa sensação, tanto que ele sempre entende que tem algo a fazer. E isso nos movimenta.

Você passou também pelo seu sentido de vida, seu propósito, pensando bastante sobre onde você se abandonou na vida, quais pontos você tem que trazer mais para si.

É importante você observar onde amarra seu burro. Quais pessoas você traz para sua convivência? Quais são as situações de que você não precisa? O que você quer e o que não quer mais?

Nesse momento, você deve estar mais realinhado consigo mesmo. Trabalhando um pouco o que ainda precisa mexer, talvez tratando alguns pontos que não vão mudar da noite para o dia.

Essa conscientização sobre onde você precisa caminhar é muito importante.

Já que acabamos de passar pela reciprocidade e pela proporcionalidade dos afetos, imagino que possamos falar sobre a maturidade. Esse é o patamar em que você conhece mais sobre si. Sobre a forma como vai se relacionar com as pessoas, sobre aquilo que você quer, as situações que precisam ser melhoradas, trabalhadas.

No entanto, está na maturidade a capacidade de receber, de ouvir e de falar, exteriorizar, não julgar as pessoas. Inclusive, nos momentos em que for julgado, não ficar brigando o tempo inteiro, ter mais discernimento sobre o que cabe ser colocado, saber a hora de falar e de calar. Esse cuidado também é preciso ter com a vaidade alheia.

A maturidade é o reflexo de quanto nos desafiamos e nos percebemos. Em várias situações da vida, quando estamos mais amadurecidos emocionalmente, mais conhecedores acerca de nós próprios, temos uma percepção melhor sobre o que se passa conosco. E isso é infinitamente melhor do que aquela pessoa que nunca se visitou e está insistentemente buscando um culpado para a própria vida.

No momento em que exercemos nossa maturidade emocional, nós também estamos trabalhando muito o perdão. O perdão é uma virtude, um mecanismo emocional muito importante. Frequentemente ele precisa ser acessado. Precisamos perdoar mais.

Perdoar não é permanecer, ficar com alguém, resgatar um vínculo que já se foi, nem trazer para perto alguém que tenha machucado você. O perdão diz respeito a entraves e amarras que possam aprisionar você a situações que não fazem mais parte da sua vida.

Algumas situações podem ser inadmissíveis e injustas na nossa percepção. Mas elas são como são. Porque o outro decidiu, porque a vida acabou conduzida dessa maneira. E ficar alimentando raiva, ódio, ressentimento só vai intensificar esse amargor na nossa vida, que acabará por envenenar a nós mesmos.

O fato de eu me perdoar e perdoar os outros é como se eu pudesse fazer uma limpeza íntima e tivesse mais abertura para escolher com mais discernimento o que eu quero e não quero na minha vida, quais são as pessoas que eu acho que fazem sentido ao meu lado e até onde eu posso ficar com elas, sem ficar exigindo de quem não pode me dar nada.

Passamos a ter mais conhecimento sobre as emoções que transitam em nosso íntimo, nossos sentimentos. Ficamos mais atentos. "Hoje estou mal-humorado", "estou triste". Passamos a ter mais percepção e controle. Ficamos mais lúcidos em relação a nós mesmos.

Pense sobre isso.

Nós também fazemos isso com os outros – passamos a julgar menos as pessoas, oferecer mais espaço para escutar suas emoções. Por isso, as pessoas mais maduras tendem a ser mais interessantes e a ter relacionamentos mais profundos, duradouros e saudáveis.

Elas não ficam só na superficialidade social. Elas se interessam sobre como os outros se sentem, exatamente porque têm um interesse contínuo sobre o que sentem a respeito de si mesmas.

Tanto que, quando você inicia um processo terapêutico, ou quando terminar de ler este livro, vai notar que se tornou uma pessoa mais profunda.

Porque você está sendo cutucado em vários lugares, para que se reinicie em algumas competências que sempre teve, mas que estavam atrofiadas e esquecidas dentro de você.

Você se tornou mais familiarizado com seus recursos.

Talvez você tivesse uma capacidade muito intensa de sentir e se perdesse. E agora está em mais equilíbrio, porque está percebendo que muito não tem que ser sanado pelo outro, mas percebido por você.

Está percebendo quais são as habilidades afetivas que você tem e quais as que precisam ser trabalhadas. Essa maior adequação sobre o seu arsenal de emoções passa a ajudar demais em tudo em sua vida.

Você também desenvolve a capacidade de se aceitar sem tanta crítica. Muitas vezes ficaremos desgostosos com nossa conduta, mas vamos aceitando melhor e entenderemos o que estiver acontecendo.

Inclusive para suportar algumas situações que são incontroláveis na nossa história. Pessoas que saem da nossa vida, sem que imaginássemos que isso pudesse acontecer. Rejeições, abandonos, frustrações, decepções, surpresas desagradáveis, como enfermidades que nos acometem ou às pessoas que amamos.

Perdas significativas. São situações que somos obrigados a aceitar – elas assustam –, e a maturidade faz com que suportemos o baque, justamente em razão do conhecimento de tudo que já trabalhamos até então.

Não que a pessoa madura não sofra, não fique triste, com raiva, desolada. Ela fica, mas consegue administrar melhor. Quando sob todos os aspectos você é mais conhecedor de tudo que já conversamos até agora, reconhece todas as habilidades emocionais do seu arsenal, você se posicionará na vida de uma maneira muito mais corajosa.

Você entrará em contato com determinadas situações e saberá quais ferramentas precisará usar entre aquelas que tem em seu repertório. Os nós ficam mais fáceis de ser desatados.

Para as pancadas, você tem uma proteção muito maior. Machucam, mas não derrubam você. Inclusive, se derrubarem, porque há pancadas que você não sabe nem de onde vieram, você consegue se levantar. Cai sete vezes e se levanta oito.

A maturidade nos propõe, justamente por esse conhecimento sobre nós mesmos, a percepção do que é nosso. A nossa maior integração e o nosso fortalecimento interno fazem com que consigamos olhar as pessoas ao nosso redor e admirá-las.

Alguém que admira e elogia de verdade, com sinceridade, é uma pessoa que tem maturidade e recursos suficientes para elogiar e reconhecer o que é verdadeiro.

Por isso, as pessoas mais próximas são as que menos nos elogiam. São as que menos nos estimulam quando elas não têm ganho secundário nisso. Às vezes, são as pessoas de fora que apoiam e aplaudem você.

Isso acontece porque as pessoas próximas estão tão ligadas a você que, quando você se destaca, tem alguma conquista grande que porventura elas não têm, isso faz com que entrem em contato com suas dificuldades e sombras. Muito incomodadas com isso, preferem se afastar para que não tenham que olhar as suas próprias dificuldades, retrocessos e paralisações.

Nesse cenário, você representaria tudo aquilo que elas poderiam ter, mas ainda não conseguiram, justamente porque você está muito perto.

Quanto mais amadurecido você estiver, mais vai conseguir ficar feliz pelo outro e elogiar de forma sincera.

Isso favorece não só a sua situação íntima, como os seus relacionamentos. As relações tendem a ser mais gratificantes.

A maturidade emocional nos traz a percepção de que é melhor segurar a onda em um momento em que estamos muito irritados, por exemplo. Isso viabiliza espaço de diálogo, alivia relações que possam ter ficado truncadas em função de algo que não tenha corrido muito bem.

A pessoa madura emocionalmente tem a chamada responsabilidade afetiva.

Nós precisamos observar muito o que contamos para o outro, o que combinamos com o outro, a respeito do que podemos entregar afetivamente, para que esse outro não crie falsas expectativas e acabe se frustrando em função do que esperava de nós.

No livro *O Pequeno Príncipe*, de Antoine de Saint-Exupéry, um personagem diz que nos tornamos eternamente responsáveis por aquilo que cativamos.

A responsabilidade afetiva começa aí. Eu preciso observar a minha disposição, seja num negócio, seja num relacionamento. O que eu posso dar, com que posso contribuir na relação. O que é combinado não sai caro.

A pessoa amadurecida emocionalmente conta para o outro o que ela pode ou tem interesse em dar, quais serão os investimentos dela. Ela toma cuidado quando entra no universo do outro.

Ao acessar o mundo do outro, tome cuidado. Tire os sapatos, tire seu casaco, pendure o guarda-chuva e entre com delicadeza, com respeito. Ali não é um universo seu, é dessa outra pessoa que, gentilmente, se abriu para recebê-lo.

O respeito com o mundo do outro é uma característica importante da maturidade emocional. Isso também se estende para a forma com que saímos das relações e a forma como as pessoas saem das relações conosco.

Quantas são as vezes em que estamos tão envolvidos que, de repente, a pessoa não responde mais, some, e não entendemos por quê. Ficamos buscando onde erramos, as falhas em nós. Na verdade, isso se trata completamente da outra pessoa.

Temos uma tendência a sempre ter controle da situação. Quando acontece algo descabido, como o outro sumir, não responder, bloquear você, afastar-se completamente, você fica sem entender. Aquela pessoa não foi transparente porque não tem maturidade.

E você fica buscando a resposta em si. O que eu fiz, o que não fiz? Fica achando que tem algum defeito em você, no seu corpo, no seu beijo, no sexo.

Na verdade, nem tudo diz respeito a nós. Muitas vezes é problema do outro. O medo, a indisponibilidade do outro, alguma coisa que apareceu na vida dessa pessoa.

As relações acontecem quando há um espaço em você que cabe na outra pessoa e vice-versa. Quando esse encontro não acontece, essa sintonia, as relações não fluem.

Não há necessidade de você entrar nessa história, de ter controle de toda a situação. Uma relação não tem a ver só com você, tem a ver com você e com o outro. A falta dessa sintonia, a pecinha que faltou, faz com que a relação não aconteça. Não fique se torturando. Coloque na sua cabeça: isso faz parte de uma forma de se amar, e amar com muita saúde emocional.

Quando uma relação, por alguma razão, não acontecer, se a pessoa for embora, sumir, entenda que não tinha que ser para você. Tenha certeza disso e fique tranquilo. Nunca pense que algo acontece para o seu mal. Pense no contrário. Isso foi para o seu bem, provavelmente não seria bom, haveria sofrimento. Se alguma relação termina antes do que você imaginava e você não entende o porquê do final tão rápido e diz: "poxa, mas nem bem começou, tinha muito para acontecer", pense: você está sendo poupada.

E quanto àquela relação que durou bastante e por acaso terminou, mas você não queria que tivesse terminado, possivelmente levaria a um desfecho muito pior.

Não fique buscando defeito em si, colocando a autoestima para baixo. Ponha em sua cabeça que foi o melhor. Essa pessoa não enxergaria você ou talvez você não a enxergasse.

Outra característica importante da maturidade é viver o presente, o agora. Existem etapas; temos que respeitar a reciprocidade e a proporcionalidade.

As coisas não vão acontecer no seu tempo, vão acontecer no tempo do amadurecimento da relação.

Foque o agora. Abrace o seu presente. Viva-o intensamente. Isso vai lhe dar discernimento. Entenda que algumas pessoas que somem, fogem, desaparecem, em uma amizade ou numa relação amorosa, isso não tem necessariamente a ver com algo que você tenha feito ou não. Tem a ver com essa pessoa, porque ela não teve a coragem suficiente para se posicionar.

Há pessoas que saem e deixam as portas abertas, que simplesmente não conseguem fechar a porta que abriram. São pessoas que entram pela porta da frente e saem pela porta dos fundos, saem pelo ralo. Esse comportamento diz muito sobre a pessoa, e não sobre você. Não há nada que você tenha feito de errado. Essa é a maneira dessa pessoa se relacionar. Imagine como seria prolongar esse relacionamento.

"Eu me relacionei muito tempo com essa pessoa, nunca imaginei!". Pois é, você não tinha se relacionado o suficiente para que essa pessoa se visse numa situação de acovardamento e se posicionasse dessa forma. Essa conduta diz mais sobre ela do que sobre você. Você deve apenas torcer para que essa pessoa consiga evoluir, porque o comportamento dela só evidencia a falta de maturidade e mostra quanto ela tem que se desenvolver.

Temos todo o direito de não querer estar com uma pessoa, não querer começar um relacionamento ou, porventura, podemos nos desencantar com a pessoa, mudar de ideia.

Não podemos perder o respeito pela pessoa com quem resolvemos ter qualquer tipo de relação, então, quando acessamos aquele universo, entramos no mundo dela, temos que saber entrar e saber sair. A maneira como as pessoas terminam um relacionamento reflete a verdade sobre o que elas são. Na hora que elas fecham essa porta, elas vão mostrar exatamente o que existe dentro de si. A essência que elas têm.

Acho bonito quando uma pessoa sabe fechar, terminar um relacionamento de maneira elegante, sendo honesta, de acordo com aquilo que sente. Isso mostra uma maturidade maravilhosa.

E se porventura você viveu essa situação, em que a pessoa não teve consideração, agiu de forma descabida, em vez de ficar se corroendo, triste, se sentindo um lixo, essa situação deve servir para lhe mostrar exatamente o que você não deseja para si, inclusive para aprender a nunca fazer isso com ninguém.

Eu penso sobre a minha vida, sobre as condutas descabidas que algumas pessoas tiveram comigo, e tenho isso como parâmetro do que eu não quero para minha vida.

Claro que haverá o momento da raiva, da tristeza, ficamos chateados na hora da pancada. Independentemente do nível de maturidade que você tenha, a pancada dói. Mas depois que passou o baque, na hora que estiver cicatrizando, coloque na cabeça isto: aprendi o que não quero.

Todas as pessoas que passam pela nossa vida ensinam muito para nós. Ensinam o que nos faz bem e o que não faz. O que não queremos nem em pensamento.

Em alguns momentos nós ensinamos, em outros aprendemos. Essa troca das interações humanas, que é legítima, tem que estar sempre em vigor, e temos sempre que lembrar que isso é possível. Tudo é aprendizado. Tudo é lição e evolução.

E viva a maturidade, que faz com que fiquemos fortalecidos, para encarar todas as artimanhas e adversidades que a vida irá nos propor. Inclusive todas as delícias também, porque a maturidade nos fará reconhecer valor onde ele existir.

Vamos viver a felicidade por inteiro. A felicidade está nas minúcias, nos detalhes, na simplicidade, na possibilidade de viver com toda a nossa essência, em tudo aquilo que vibra em nosso peito.

Esses momentos lindos, interações, novas experiências, encontros oportunos que a vida nos apresenta são o que há de mais valioso.

Está na maturidade também a capacidade de viver o novo, de recomeçar, de se permitir, de mergulhar, de finalmente deixar de lado as piscinas rasas. De conseguir discernir o que é raso. Ter claro que, se você mergulhar no raso, vai bater no azulejo, rachar a cabeça e dilacerar o coração. Maturidade é quando você entende que o que quer mesmo é mergulhar no oceano, pois, por mais que se perca ali, nunca estará sozinho. Estará ali com a possibilidade de viver interações profundas, que é o que você merece. E você realmente merece.

Exercício

Escolha três pessoas importantes para você.
Marque com elas uma conversa de exatos 15 minutos. O tempo é essencial para que você se organize no objetivo que temos.
Diga a elas que se trata de um exercício de autoconhecimento. Veja, inclusive, se essas pessoas têm disponibilidade para participar dessa proposta com você.
Pergunte a cada uma delas o que mais gostam em você e o que menos gostam.
Exercite a escuta. Respeite a opinião da pessoa. Absorva tudo que poderá torná-lo melhor.
Ter abertura para escutar é exercitar a maturidade emocional.

CONTATOS COM A AUTORA

🌐 **Site**
www.pamelamagalhaes.com.br

✉ **E-mail**
eventos@pamelamagalhaes.com.br

📷 **Instagram**
@psipamela

Facebook
psipamela

▶ **YouTube**
psipamela

MATRIX